U0886290

岳麓書社

读名著　选岳麓

国学经典文库

# 周易 全本

陈戍国 导读 校注

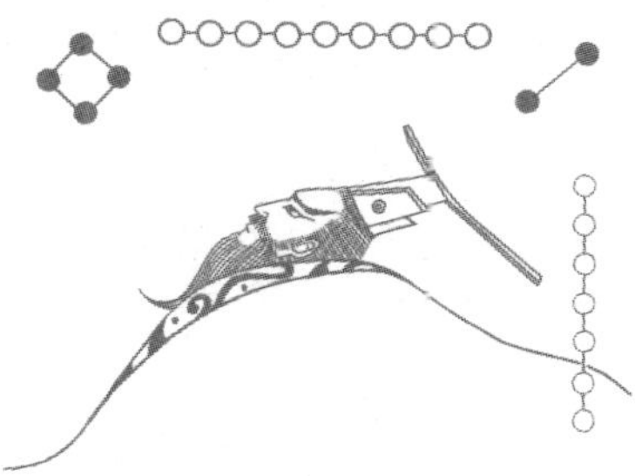

岳麓書社 · 长沙

**图书在版编目(CIP)数据**

周易/陈戍国导读、校注. —长沙:岳麓书社,2019.6

(国学经典文库)

ISBN 978-7-5538-0956-4

Ⅰ.①周...　Ⅱ.①陈...　Ⅲ.①《周易》—注释　Ⅳ.①B221.2

中国版本图书馆 CIP 数据核字(2018)第 076266 号

ZHOUYI

**周易**

导读校注:陈戍国

责任编辑:周家琛

责任校对:舒　舍

封面设计:贺红梅

岳麓书社出版发行

地址:湖南省长沙市爱民路 47 号

直销电话:0731-88804152　0731-88885616

邮编:410006

岳麓书社网址:www.yueluhistory.com

2019 年 6 月第 1 版第 1 次印刷

开本:890mm×1240mm　1/32

印张:6.75

字数:166 千字

ISBN 978-7-5538-0956-4

定价:20.00 元

承印:长沙鸿发印务实业有限公司

如有印装质量问题,请与本社印务部联系

电话:0731-88884129

# 《四书五经》总序

中国古代近代的经学遭到严酷的空前的批判，始于1919年五四运动前夕。20世纪60年代中期到70年代中期整整十年的大革文化命，更把对经学与孔子的批判推上了顶峰。早在五四运动前后若干年，经书经学被宣判为“古衣冠的僵尸”。大革文化命的年月，据说已将“孔老二”再次打倒，将经书经学定性为“封建文化的糟粕”。如果说五四运动前后“打倒孔家店”的宣传与对经学的清算为启发民智、解放思想所必需，只是那偏离理智的狂热终究在历史的检验面前难免令人遗憾；那么，后来大革文化（包括经书经学）命的浩劫，就未免让人觉得十分可笑而且可恶了。

2001年，距离五四运动已经八十余载，告别大革文化命的时代也已二十多年。这一年的8月15日，《中华读书报·文史天地》的首篇《李学勤谈清代学术的几个问题》，如下的综述中华学术的议论赫然在目：

> 乾嘉学术的核心是在经学。实际上，整个中国学术的核心都是经学……说中国学术的核心在经学，是就其学术地位和影响而言。从实际情况来看，中国学术的核心不是佛道，应该是儒学。儒学的中心就是经学。

大学者评价经学到如此高度，上世纪委实罕见，而新世纪此时始闻之。没有非凡的穿云破雾的洞察力，没有源于真知灼见的巨大的学术勇气，谁敢说经学原本有如此重要的学术地位呢？凡是尊重历史、尊重学术的文化人，只要认真思索，都应该承认：中国经学史固然积弊不少，而经学本身终以精华为多。谁能说学勤先生言过其实了呢？难道中国古代史上曾有别的什么能够取代经学的学术地位与影响吗？

从学勤先生的高论得到启发，我对中国古代学术的林林总总思索有年，自觉大体上弄清楚了若干问题。已知前修时贤关于中国学术多有精辟之言。在反复证实了他们的种种见解之后，如果加以融会贯通的功夫，一以实事求是为上，那是可以就中国古代的学术（包括经学）与学术史（包括经学史）略述梗概或心得的。其要有七。

自东周到清朝，中国人文社会科学的核心只能是经学，只能是解说、研究《易》《书》《诗》《礼》《乐》《春秋》六经（汉以后附加《论语》《孝经》与小学，宋以后加上《孟子》）的经学。没有别的什么学术盛行时间如此之长，包罗内容如此之广。如果不是这样，自立于世界民族之林的中华民族思想文化的独立性就会丧失殆尽。此其一。

昔司马迁论六经要指，充分表现了他熟谙六经的学识。“《易》著天地阴阳四时五行，故长于变。《礼》经纪人伦，故长于行。《书》记先王之事，故长于政。《诗》记山川溪谷禽兽草木牝牡雌雄，故长于风。《乐》乐所以立，故长于和。《春秋》辩是非，故长于治人。”（《史记·太史公自序》）这是说六经各有所长，各有其显著的学术特色。联系后世通行的学科分类，《易》是讲哲学的，《礼》是讲行为实践，讲伦理学、社会学与政治学的，《书》和《春秋》是讲历史是非的，《诗》和《乐》是讲文学乐、舞、艺术的。然而人为的划分界限并不完全符合各经所有的内容。实际上，人文社会科学所有领域，经学几乎没有不涉及的。太史公说的只是各经的主要情况。他论六经与他的父亲论六家要指一样具有权威性。此其二。

中国古代人文社会科学当然有列于经学之外者，然而唯有经学才是当时学术的中心。诸经各有其主要分野，然而诸经之间的关系是不是平列的呢？历来有《易》或《诗》为群经之首两说，经古文学家与今文学家各执其是。但是没有说《诗》为经之原或经之本的。倒是《汉书·艺文志》早就说过六经“《易》为之原”。鄙意：六经（后来《乐经》亡佚）对于中国社会科学都很重要，可是六经之间并非平列关系，而与《汉志》不同的说法确已存在。至迟初唐以前就有学者说：“六经其教虽异，总以《礼》为本。”这话是南朝梁皇侃说的，而初唐孔颖达等人援引之，突出《礼》在六经中的地位，这个观点毕竟已见于小戴辑《礼记·经解》的孔疏了。后来吾湘经学家皮鹿门先生作《经学通论》，其中有一条目为“论六经之义《礼》为尤重，其所关系为尤切要”，此条正文一开头就说：“六经之文，皆有礼在其中。六经之义，亦以《礼》为尤重。”皮氏以为《礼记·经解》“首节泛言六经，其后乃专归重于礼”，正可以证明他的论点。换一个视角看：《礼》之外任何一经与他经的关系，都不如《礼》与他经关系之“切要”。我们相信：学术之贵，在于经世致用。质言之：任何历史时期的统治阶级都不会重视对于当时的统治、当时的社会稳定没有任何帮助的所谓学术，而与统治阶级关系最密切的社会活动首先是保护其所代表的社会群体经济利益的政治，统治阶级此类意识形态才是占统治地位的思想。这就牵涉政治与礼的关系。《礼记·哀公问》记孔子的话：“为政先礼。礼其政之本与！”礼者长于行，礼者政之本。礼的经世致用最为现实，最为直接。所以历代统治者无不重视礼制建设与礼学教育。属于经学的其他诸经本来就没有谁离得开礼，如皮鹿门所言：“皆有礼在其中。”

张惠言《虞氏易礼序》:“《易》者，礼象也。”《周易郑荀义·略例》说到“易三义”，又说:“其言爻象消息皆变易也，礼制经论乃不易也。”曹毅荪元弼先生《礼经学》:“《书》者，圣人以礼治天下之实政也。”王安石《答吴孝宗书》早就说过:“《诗》《礼》足以相解，以其理同故也。”而司马迁《史记·太史公自序》更早就说过:“《春秋》者，礼义之大宗也。”至于郑康成《六艺论》说的“善于礼”的《左氏春秋》，这里就不必说了。让我们再说到《周易》。《易·系辞上》“列贵贱者存乎位，齐小大者存乎卦”，根据是什么?“圣人有以见天下之动，而观其会通以行其典礼，系辞焉以断其吉凶，是故谓之爻”，那繁多的爻位之变，难道不是以礼制原则为根据吗?这里伴随着相关的疑问:六经“《易》为之原”的说法究竟该作何理解?难道《书》《诗》《礼》《乐》《春秋》之“原”都在于《易》吗?我们认为:《易》长于变，这个强调“变”的思想原理为六经所证实。礼也会变化，不能一成不变;总该变得适应社会的需要，才会有永恒的生命力。礼学也是如此。与五经相关的各个领域的学术莫不如此，所以说“《易》为之原”。然而，由于诸经之撰作都在社会生活中无时或缺的礼仪礼典实行之后，包括《易经》在内的经书都不可避免地反映当时社会“政之本”的礼制，所以说“总以礼为本”。[①] 此其三。

其四，应该说到经学与史、子、集部之学的关系。吾湘近代经学家王壬秋的弟子为王氏编辑诗文集《王志》，其卷一论“子史不必读”，写道:“为学但当治经，读子史者失学之人也。”我们不敢附和此说。说“为学当治经”，不错;说“为学但当治

① 拙撰《论六经总以礼为本》《经学札记三则》已畅论礼书礼制与其他经书的关系，请参看。

经”，加一“但”字，这就不对了。我们认为经、史、子、集之学都应该学，都应该治。一则史、子、集部之学自身重要，其内容与作用非经学所能取代；二则史、子、集部文献或者可以证明五经文字，或者可以证经学道理。

其五，应该说，作为儒学中心的经学不必排斥佛道二氏之学。明余继登《典故纪闻》卷六：

> 永乐初，有献《道经》者。成祖曰：“朕所用治天下者，五经耳。《道经》何用?”斥去之。

朱棣认为儒学五经可以帮助他治理天下，而《道经》无用，帮不了什么忙。王伯申《经传释词》卷七解释文言语词“耳”，说：“犹‘而已’也。”从“五经耳”句可以推断，在永乐帝朱棣心目中，佛经也是没有用的。其实，佛道虽然不是中国古代学术的核心，但绝不是无用之物。就中国魏晋以后学术大厦而言，佛道二氏之学无疑也是支撑大厦的栋梁。（而中国道家道学的历史不会短于儒家儒学。）它们对于各相应历史时期的统治都是有用的，不知朱明太宗为何不肯承认二氏之学的价值、地位与功用。他的父皇和他的后嗣并非如此。

其六，《论语》《孟子》多记孔子、孟子的话，《大学》《中庸》相传分别为曾参、子思所作，已被历史证明其中大部分言论确有道理。既如此，将这四种文献视为经书可以说是对的。汉代学者与宋代学者先后将《论语》《孟子》与《大学》《中庸》列入经学，表现了非常有远见的眼光。然而必须指出：南宋以后兴起的“四书学”，固然是传统经学发展的重要产物，已经在经学史里占有重要位置，但它毕竟只是经学的一个重要部分而已。有人坚持“朱熹用四书学取代五经学”的观点，既背离史实，也不合道理。

还有其七。早在20世纪50年代以前，有学者宣布了经学的死亡。那么此后的“易学”研究、“尚书学”研究、“诗学”研究以及“礼学”研究算什么呢？刘起釪先生的《尚书学史》、杨伯峻先生的《春秋左传注》算不算经学研究呢？近年编辑出版的《经学今诠》算什么呢？20 世纪 80 年代以来，中华书局陆续整理出版了成系列的十三经清人注疏，有力地推动了经学的普及和经学研究的深入。在中国大陆举行的与经学研究有关的大型活动，最有影响的也许要算是 2003 年 11 月中旬的“清代经学与文化国际学术研讨会”，2005 年 11 月上旬的“首届中国经学学术研讨会”，两个会议召开地点都在大陆的清华大学甲所。高度重视经学及其研究的李学勤先生是研讨会的主要主持人。为数不少的学者向大会提交了他们的研究成果。台湾学者 1997 年成立清代经学研究室，此前此后，在经学研究目录的编辑、经学典籍的标点整理、经学家研究资料与经学史研究诸方面投入大量人力物力，取得了可观的成果。自 2002 年起，台湾的清代经学研究室诸君，由林庆彰先生率领，“推动晚清经学研究计画，采分年进行、从各地区入手之方式，以凸显各地区经学研究的特色”（见台湾“中央研究院”中国文哲研究所 2002 年发行的专刊《中国文哲研究所》）。其计划之宏伟，方式之切实可行，值得击节称赏。诸君揭橥“经学研究”的大方案，如果认真实施，对于我国人文社会科学事业应该可以产生推动作用。看来经学已经复活，现在是生机勃发。如果承认中国古代学术中经学的中心地位，为什么不能承认经学研究的继续呢？经学没有死，经学不会死。数十年来，经学研究实际上已经融入哲学、史学、社会学、政治学、法学、伦理学、教育学、文学以及语言文字学诸领域的研究中了。中国古代经学既为中国哲学、史学、文学、伦理学以及其他相应诸学科之源，又伴随诸学科的发展而获得新生或者繁衍，这和传说中的凤凰涅槃是不是有点相似呢？君不见中国大陆的党政领导人，海峡彼岸有眼光的政治家，都在祖国传统经书经学中找到了共同语言，这又意味着什么呢？

20世纪80年代，我们有亲手点校的《四书集注》与《周礼·仪礼·礼记》白文本问世，90年代则有《四书五经》点校本出版。拙著《中国礼制史·元明清卷》脱稿于2001年年底。自2002年以来，我们的大部分时间是在《四书五经》的校注工作与出版后的《四书五经校注》各册的修订工作中度过的，至今快五年了。若论读经书治经学的功夫，至迟可以从20世纪70年代末忝列郭君重晋稀先生门下做研究生算起，二十六年了。我们之于经书经学，“尽心焉耳矣”。而今年过耳顺，于经书经学竟不敢说已经无惑。这里敢说也不能不说的意思，可以月三句话概括如下：愿意继续用功学习。但求与时俱进就好。期盼专家学者继续赐教是幸。

这里还应该交代的是：本套《四书五经》，是《四书五经》的校注本，以中华书局1980年影印阮刻本《十三经注疏》相对应的部分为底本，参校本则另外注明。

是为校注本《四书五经》总序。

陈戍国2006年5月4日深夜三时二十分

写于湖南大学友谊村之三楼

**说明：**

十五年前，我曾为《四书五经》写过一篇序，读者可以从岳麓书社1991年出版之后多次重印的白文本《四书五经》看到。现在写的《总序》，就思想而言，自是十五年前那篇序的续篇。这里向那些给我写续篇的机会的朋友们致谢了。

陈戍国谨识

又过了十年半。感谢岳麓书社给予我重订此书的机会。

陈戍国2016年11月19日深夜

写于湖南大学友谊村之三楼

2017年来了，我继续对国家规划办所赐课题12AZD077与13&ZD058的研究，又对《四书五经》做了一些补充。

陈戍国2017年3月谨识

# 《周易》序

学术界一般将《周易》称为《易经》，简称为《易》。

传说《周易》之前有夏商两朝之“易”。郑康成《易赞》：“夏曰《连山》，殷曰《归藏》，周曰《周易》。”（郑君《易论》也是这样说的。）而孔颖达等据《世谱》等群书，说神农一曰连山氏，亦曰列山氏，黄帝一曰归藏氏（看《周易正义》卷首“第三论三代《易》名”），将《连山》《归藏》的时代又推远了。多年来，有学者据出土文献研究，发现确实有不同于《周易》而形似《周易》的材料，声称可能是《连山》或《归藏》之遗。可惜那毕竟只是零星的材料，应予珍视而尚无体系可言。《周官·春官》有大卜、筮人两职司的概述，其中都提到《连山》《归藏》《周易》三易，而“大卜”旧注（郑玄注与杜子春注）对《连山》《归藏》的解释，亦高远其所从来，虽然没有说明出处，但应该自有根据。

流传至今的《周易》是完整的。秦始皇的一把火并没有把它烧了。秦朝之前，战国末期，《周易》已被尊为六经之第五（《庄子·天运》有“《诗》《书》《礼》《乐》《易》《春秋》”的排列法）。自西汉起，《周易》被尊为群经之首的排列次序大体定下来了。

《汉书·艺文志》：“及秦燔书，而易为筮卜之事，传者不绝。”这个话，一可作秦皇不焚《周易》之证，二可证汉人心目中《周易》其书之性质。《周易》究竟是说什么的？同意《汉志》说法，认为它是卜筮之书的学者最多，譬如朱自清先生说："《周易》原只是当时一部切用的筮书。"（三联书店 1980 年版《经典常谈·周易第二》）李镜池先生更直率地说："《周易》是一部占筮书。"（中华书局 1981 年版《周易通义·前言》）清朝以前，无论什么派（义理派、象数派等），不把《周易》当卜筮书看的，以我们的孤陋寡闻，只能说"不知道"。

20 世纪已经发生过两次研究《周易》的热潮，一次在 1930 年及其前若干年，一次在 20 世纪的 80 年代前后。学术界称之为"易学热"。热潮之外当然还有人治《易》，甚至也有讨论。随着"易学"的发展，学人冲破传统学派的束缚，贡献了许多新的有说服力的见解。坚持传统方法治《易》者之外，有从史学角度研究《周易》的，有从训诂角度赋予新知的，更有自然科学家从天文、物理、数学角度加以解说的。这些学者开创了易学研究的新天地，硕果累累。然而最值得注意的是：绝大多数研究者都承认《周易》是一部具有丰富的哲学思想（包括辩证法）的重要典籍。这一点，可以说已经成为学界的共识。从史学角度治《易》者，强调该书的政治历史思想；从自然科学立场出发研究该书者，强调其中蕴含的与自然科学原理相符的思想：这些当然也都是题中应有之义。可是这样一来，不把《周易》看作卜筮之书的说法就产生了。

《周易》产生于什么时代，也有好几种讲法，如西周初年、西周厉王时期、西周末年、春秋末年或战国初年等。无论取哪种讲法，其为先秦典籍毫无可疑。

《周易》作者，众说纷纭。较著者有庖牺氏说、周文王说、周公（姬旦）说、孔子说、馯臂子弓说等。其实，它应该不是一人之作，而是先秦好几个历史阶段的思想家先后贡献智慧的结晶。近年有学者根据出土文物资料肯定孔子对《易传》的贡献，讲出了一些理由。

《周易》分为经、传两大部分。卦画、卦辞、爻辞，为《易》之经，其他的是《易》之传。传统说法称《易传》十篇，又称之为“十翼”，它们是《彖》《象》《系辞》各分上下两篇，加上《文言》《序卦》《说卦》《杂卦》四篇。据说《系辞》又称为《易大传》。

关于《周易》之“易”的解释，郑君《易赞》与《易论》说：“《易》一名而含三义：易简，一也；变易，二也；不易，三也。”（看《周易正义》卷首“第一论《易》之三名”）传为魏伯阳撰的《周易参同契》说虞翻的《虞氏易》有“日月为易”的提法[①]，后来蔡尚思先生据此说《易》还有第四个意思：“日月合一为易。”（见湖南教育出版社 1991 年版《周易思想要论》）其实这个意思还是“变易”，日月阴阳、万物化生都是变易，所以用不着在“易”的含义里加进这一条，它不可能成为独立的一条。郑君《六艺论》说得好：“《易》兼三义，三义之著莫过日月。”（见小戴辑《礼记》之孔疏引文）日月就可以反映《易》之三义。若论三义何者为主，恐怕还要算是包括人生在内的世界变易与不变之理吧。（其实不变之理也在变易中）

不少学者已指出：《周易》多方面反映上古社会的生产方式、生活风俗、种种斗争以及有关思想。其中有不少韵文，可以当文学作品之一体的诗看。这样说是很正确的。

关于读《易》的一些基本知识，读者还可以看蒋伯潜先生的《十三经概论·周易概论》（上海古籍出版社 1983 年版），以及传《易》诸家的有关介绍，我们这里不能多说。

---

① 《周易参同契》上篇本文有“日月为易”句。看收入《四库全书》子部道家类的《周易参同契考异》（朱熹撰）。

顾颉刚先生说过："《易经》中所说的话，不但我们不懂，即作《易传》的人也不懂（看《象传》的只会敷衍字句可知）。"①这样说显然有《易经》难治的意思。顾先生还说过："一部《周易》的关键全在卦辞和爻辞上：没有它们就是有了圣王画卦和重卦也生不出多大的意义，没有它们就是生了素王也做不成《易传》。所以卦爻辞是《周易》的中心。而古今来聚讼不决的也莫过于卦爻辞。"② 朱元晦则更早就说过爻象不可考的话，又说："《易》是个极难理会底物事，非他书之比。"③ 看来前辈治《易》大师都不讳言治《易》之难。我们的《周易校注》是《四书五经校注》中不可缺少的一部分，不能知难而退。唯由于出版社关于篇幅的限制，本校注不拟跟在古今象数派后面跑，而且一开始就决定置"互体"说、"卦变"说于不顾了。

本校注较为注意的一个问题是《周易》反映的礼制思想与礼仪制度。小戴辑《礼记·经解》孔疏援引的梁皇侃说的"六经其教虽异，总以《礼》为本"，这话对《周易》也是适用的。

需要注意的是，如果两段或两段以上的原文中注码数字依次递升，则表示这些段落的内容有关联，本来是共同合为一个意思的层次；只是由于合为一大段太长，不便阅读，所以拆分成若干小段了。这样，校注也就相应地拆分了。

本校注难免不当之处，还祈专家、读者赐正。

2002 年 9 月，陈戍国写于湖南大学

---

① 顾颉刚先生 1930 年 3 月 21 日写给李镜池先生的《论〈易经〉的比较研究及〈象传〉与〈象传〉的关系书》。后收入《古史辨》第三册。

② 顾颉刚先生的文章：《〈周易〉卦爻辞中的故事》。后收入《古史辨》第三册。

③ 见《朱子语类》。

# 目录

# 乾

## 导读

这是《周易》第一卦的名字(或称“标题”),读 qián。它的多种含义,见《系辞》《序卦》《说卦》等篇以及本卦有关说明,这里不作汇录。《周易》六十四卦的名字各有不少含义,各见于本卦说明与《易传》诸篇,限于篇幅,我们都不作汇录。同样因为限于篇幅,我们的注释不可能详尽。这些情况,以下不再说明。

## 原文

☰乾下乾上　乾:元亨,利贞❶。初九:潜龙,勿用。九二:见龙在田,利见大人。九三:君子终日乾乾,夕惕若;厉,无咎。❷九四:或跃在渊,无咎。九五:飞龙在天,利见大人。上九:亢龙,有悔。用九:见群龙无首,吉。❸

## 注释

❶ 卦画下面四个字的说明,并非经文,以后六十三卦情形相同,不另注。“元亨,利贞”的意思,下文所引《文言》称为“四德”,对“四德”的解说是这样的:“元者,善之长也。亨者,嘉之会也。利者,义之和也。贞者,事之干也。”若是照这样的解说断句,那就应该是:“元,亨,利,贞。”(或者逗号都用句号)这样理解这样断句的学者当然不仅仅是《文言》作者。但是很多学者认为《文言》这里的说法并不符合《乾卦》本意。《文言》作者自己也没有坚持一贯的读法和理解,所以下文有“乾元者,始而亨者也;利贞者,性情也”两句。从《周易》全经词例看,“元”字并不独立成句。我们这里采取通行的讲法:元亨就是大吉,利贞就是吉占。

❷《汉书·王莽传上》收录元始元年陈崇奏章引《易经》“终日乾乾,

夕惕若，厉”，师古注：“《乾卦·九三》爻辞也。乾乾，自强之意。惕，惧也。厉，病也。”按：“夕惕若”之“若”，注家多从上读。“无咎”，《易经》中常见，就是“没有害处”。

❸ 李氏鼎祚《周易集解》（以后简称《集解》）引干宝的话：“五在天位，故曰飞龙。”“亢，过也。”王辅嗣注：“九，天之德也。能用天德，乃见群龙之义焉。”孔疏：“若圣人有龙德居在天位，则大人道路得亨通……”“物极则反，故有悔也。”又说：“‘九，天之德’者，言六爻俱九，乃共成天德，非是一爻之九则为天德也。”李氏《集解》引宋衷的话：“用九，六位皆九，故曰见群龙。纯阳，则天德也。万物之始，莫能先之，不可为首。先之者凶，随之者吉，故曰‘无首，吉’。”以上引文，串起来可以将《乾卦》九五以下爻辞的意思讲通。有别的说法。

## 原文

《彖》曰：大哉乾元，万物资始，乃统天。云行雨施，品物流形。大明终始，六位时成。时乘六龙以御天。乾道变化，各正性命。保合大和，乃利贞。首出庶物，万国咸宁。❹

## 注释

❹ 彖（tuàn），《易传》七种之一，已经分散到有关各卦。李鼎祚《集解》引刘瓛的说法：“彖者断也，断一卦之才也。”《彖》是解释卦义的。《集解》引《九家易》：“阳称大。六爻纯阳，故曰大。乾者纯阳，众卦所生，天之象也……惟天为大，惟乾则之，故曰‘大哉’。元者，气之始也。”把《乾卦》与天联系起来，其大可知，其功用可知。又引侯果的说法：“大明，日也。六位，天地四时也，六爻效彼而作也。”孔疏言及“乾之为德”，“六爻之位依时而成”。于鬯先生赞成把“大明”解释为“日”。因为《乾卦》象天，所以这一段话可以说到“万物资始”，可以推广而论“万国咸宁”。又，这一段解释《乾卦》的彖辞是《周易》的第一段韵文。用曾星笠（运乾）先生

的《古韵三十部谐声谱》(以下简称曾先生《韵谱》或"曾《谱》")来说,这一段韵文是婴摄、因摄通韵。换言之,是段玉裁的第十一第十二部通韵,或者说是王力先生的耕真两部韵通押。以下说到韵文,只说韵在曾先生《韵谱》哪一摄,以及段君《六书音均表》(以下简称"段《表》")的哪一部,不再涉及其他。

**原文**

《象》曰:天行健,君子以自强不息。"潜龙,勿用",阳在下也。"见龙在田",德施普也。"终日乾乾",反复道也。"或跃在渊",进无咎也。"飞龙在天",大人造也。"亢龙有悔",盈不可久也。"用九",天德不可为首也。❺

**注释**

❺ 这个"象",也是《易传》七种之一。李鼎祚《集解》:"案,象者象也,取其法象卦爻之德。"捱卦象而概述全卦之义者,又叫《大象》。据爻象分别发挥各爻之义者,叫《小象》。解说《乾卦》的象辞也是有韵之文,"下""普"韵(在曾先生《韵谱》乌摄,段《表》第五部),"道""咎""造""首"韵(在曾《谱》幽摄,段《表》第三部)。

**原文**

《文言》❶曰:

元者,善之长也。亨者,嘉之会也。利者,义之和也。贞者,事之干也。君子体仁足以长人,嘉会足以合礼,利物足以和义,贞固足以干事。君子,行此四德者,故曰:"乾:元,亨,利,贞。"❷初九曰"潜龙,勿用",何谓也?子曰:"龙德而隐者也。不易乎世,不成乎名;遁世无闷,不见是而无闷;乐则行之,忧则违之,确乎其不可拔:潜龙也。"九二曰"见龙在田,利见大人",何谓也?子曰:"龙德而正中者也。庸言之信,庸行之谨;闲邪存其诚,善世而不伐❸;德博而化。《易》曰:‘见龙在田,利见大人’,君德也。”九三曰“君子终日乾乾,夕惕若;厉,无咎”,何谓也?子曰:“君子进德修业。忠信,所以进德也。修辞立其诚,所以居业也。知至至之,可与〔言〕[4]幾也。知终终之,可与存义也。是故居上位而不骄,在下位而不忧。故乾乾因其时而惕,虽危无咎矣。”九四曰“或跃在渊,无咎”,何谓也?子曰:“上下无常,非为邪也。进退无恒,非离群也。君子进德修业,欲及时也。故无咎。”九五曰“飞龙在天,利见大人”,何谓也?子曰:“同声相应,同气相求。水流湿,火就燥。云从龙,风从虎。圣人作而万物睹。本乎天者亲上,本乎地者亲下,则各从其类也。”[5]上九曰“亢龙,有悔”,何谓也?子曰:“贵而无位,高而无民,贤人在下位而无辅,是以动而有悔也。”

## 注释

❶《文言》,也是《易传》七种之一。与《彖》《象》不同的是:《文言》只对《乾》《坤》两卦作出解说。李鼎祚《集解》引刘瓛曰:“依文而言其理,故曰文言。”其实《文言》思想内容所包甚广。就说《乾卦·文言》吧,上及“天则”,下及“性情”,君子所当为之大概(“进德修业”,“修辞立其诚”等等),事业莫大于此。

❷这里所谓“君子四德”,又分别见于《左传》昭十二年、襄九年。《左传》襄九年也称“元、亨、利、贞”为四德,对四德一一作了解释,唯首句作“元,体之长也”,与《易·乾·文言》有一点区别。据此可以判断,《易传》实有少许文字抄自《左传》的嫌疑。又,这个“四德”是鲁穆姜在史官筮后说出的,可见筮法、筮地、筮辞有定,恐怕不是随意的假定。

❸孔疏:“庸,常也。从始至末,常言之信实,常行之谨慎。‘闲邪存其诚’者,言防闲邪恶,当自存其诚实也。‘善世而不伐’者,谓为善于世而不自伐其功德。”朱熹说:“常言既谨,常行既信,但用闲邪,怕他入来,此正是‘无射亦保’之意。”“然只视听言动无非礼,

便是闲。”我们认为上引孔颖达等人的解说都切合原意。朱子将《文言》的“闲邪”与《论语·颜渊》的“视听言动”联系起来，归结于礼的功用，一点也不牵强。

❹ 阮元《校勘记》：“古本足利本‘与’下有‘言’字。”依文例，当据补。

❺ 这里也是韵文。譬如“虎”“睹”“下”同韵，都在曾先生《韵谱》乌摄（段《表》第五部）。

### 原文

“潜龙，勿用”，下也。“见龙在田”，时舍也。“终日乾乾”，行事也。“或跃在渊”，自试也。“飞龙在天”，上治也。“亢龙，有悔”，穷之灾也。乾元用九，天下治也。[1]

“潜龙，勿用”，阳气潜藏。“见龙在田”，天下文明[2]。“终日乾乾”，与时偕行。“或跃在渊”，乾道乃革。“飞龙在天”，乃位乎天德。“亢龙，有悔”，与时偕极。乾元用九，乃见天则。[3]

### 注释

❶ 这一段又是韵文。“下”“舍”同在曾《谱》乌摄（段《表》第五部），“事”“试”“治”“灾”“治”同在曾先生《韵谱》噫摄（或其入声肊摄），段《表》第一部。《周易》韵文很多，以下的韵文，只注紧要之处。

❷ “文明”一词见于我国古籍，这里应该是比较早的。是不是最早的，待考。龙在田而天下文明。中国古代发生过以龙为图腾的事，讲世界文明不能没有中国。

❸ “与时偕行”，就是“与时俱进”。“天则”，应该就是自然法则。

### 原文

乾元〔亨〕[4]者，始而亨者也。利贞者，性情也。乾始能以美利利天下,不言所利,大矣哉!大哉乾乎!刚健中正,纯粹精也。六爻发挥,旁通情也。"时乘六龙",以御天也。"云行雨施",天下平也。君子以成德为行,日可见之行也。"潜"之为言也,隐而未见,行而未成,是以君子弗用也。君子学以聚之,问以辩之,宽以居之,仁以行之。《易》曰:"'见龙在田,利见大人',君德也。"九三,重刚而不中,上不在天,下不在田,故乾乾因其时而惕,虽危无咎矣。九四,重刚而不中,上不在天,下不在田,中不在人,故"或"之;"或"之者,疑之也❺,故无咎。夫"大人"者,与天地合其德,与日月合其明,与四时合其序,与鬼神合其吉凶,先天而天弗违,后天而奉天时;天且弗违,而况于人乎,况于鬼神乎?"亢"之为言也,知进而不知退,知存而不知亡,知得而不知丧。其唯圣人乎!知进退存亡而不失其正者,其唯圣人乎!❻

## 注释

❹ "乾元"下补"亨"字,说见《经义述闻》卷二。

❺ "九三,重刚而不中":依宋祚胤先生《周易注译》的说法,九是阳爻,三是阳位,阳爻居阳位,而阳是阳刚,所以叫做"重刚"。九三为《乾卦》下半之上爻,不是下半之中爻,叫"不中"。"九四重刚而不中",或谓这一句有是有非。居上半之下,是"不中"。然而因为其四为阴位,阳爻居阴位,不算"重刚"。李鼎祚《周易集解》引虞翻的话:"以乾接乾故重刚,位非二五,故不中也。"依虞氏这个说法,"九四重刚而不中"一句就没有错。这里所谓"重刚",所谓"中"与"不中",看重爻位,应该属于爻位说。"或",应该是"或跃在渊"的"或",解释为"疑",就成了"惑"。"或跃在渊",船山先生说:"言或跃而或在渊也……居上卦之下,则疑于'跃';居下卦之上,则疑于'在渊'。故曰'或'之者,疑之也。"按:古汉语"或"之通"惑"是不必怀疑的。

❻ 读《乾卦·文言》,应知《文言》不但解说经文,还解释了《彖传》若

于词句。可见《文言》性质与《易传》其他六种有同有不同。又，据《文言》、彖象辞和卦爻辞，应知《乾卦》与龙、君子、大人、贤人、圣人有关，其中潜龙、飞龙、亢龙、乾道、文明、天则、乾乾夕惕与刚健中正以及进德修业、自强不息等等范畴或观念，都关乎中华民族的传统思想与美德非浅。

# 坤

## 导读

《乾卦》的写法，将爻辞按自初至上的顺序列于卦辞之后，再说《彖》《象》《文言》。《坤卦》以下，《象辞》分散，附见于《彖辞》与各爻辞之后，而《彖辞》附见于卦辞之后，写法不同了。尽管如此，《坤卦》各部分还是可以与《乾卦》相对照。上天下地，阳刚阴柔，本来就有分合。《坤卦·文言》宣扬的善与不善的报应，实早于佛门思想。

## 原文

䷁坤下坤上　坤：元亨，利牝马之贞。❶君子有攸往，先迷后得主。利西南，得朋。东北，丧朋。❷安贞吉。

《彖》曰：至哉坤元！万物资生，乃顺承天。坤厚载物，德合无疆，含弘光大，品物咸亨。牝马地类，行地无疆；柔顺利贞，君子攸行。先迷，失道；后顺，得常。西南得朋，乃与类行。东北丧朋，乃终有庆。安贞之吉，应地无疆。

## 注释

❶ 王辅嗣注："坤，贞之所利利于牝马也。马，在下而行者也，而又牝焉，顺之至也。至顺而后乃亨，故唯利于牝马之贞。"按：依王辅嗣的说法，"利牝马之贞"就是下文《彖传》所说的"柔顺利贞"。

❷ 王辅嗣注："阴之为物，必离其党之于反类，而后获安贞吉。"这是

把“朋”看做人类之朋。李镜池先生认为这个“朋”指古时货币之“朋”,他说:“《周易》说朋都指朋贝,不是指朋友。”这个说法未必符合《周易》的全部实际。

## 原文

《象》曰:地势坤。君子以厚德载物。

初六:履霜,坚冰至。《象》曰:“履霜坚冰”,阴始凝也。驯致其道,至坚冰也。

六二:直方(大)[3];不习,无不利。《象》曰:六二之动,直以方也。“不习,无不利”,地道光也。

六三:含章,可贞;或从王事[4],无成有终。《象》曰:“含章,可贞”,以时发也。“或从王事”,知光大也。

六四:括囊,无咎无誉。[5]《象》曰:“括囊,无咎”,慎不害也。

## 注释

❸ “大”字衍,闻一多《周易义证类纂》引文详之。惟荀爽于“大”字作注,不以为衍。

❹ 王辅嗣注、孔颖达等疏认为“章”就是美,含章就是含美。那么,“含章”就可以解释为包含美德、怀抱美质了。“王事”,李镜池先生认为指战争,其说有据。

❺ 括,《释文》:“结也。《方言》云:闭也。《广雅》云:塞也。”孔疏:“囊,所以贮物,以譬心藏知也。闭其知而不用,故曰括囊。”按:不用脑想事,不开口说话,自然不会招惹是非,也就“无咎无誉”了。这与老庄思想有些相似。后人把《周易》与老庄之作并称“三玄”,是有原因的。

## 原文

六五:黄裳,元吉。[6]《象》曰:“黄裳,元吉”,文在中也。

上六：龙战于野，其血玄黄。《象》曰："龙战于野"，其道穷也。

用六：利永贞。《象》曰：用六"永贞"，以大终也。[7]

## 注释

❻ 王辅嗣注："黄，中之色也。裳，下之饰也。坤为臣道，美尽于下。"孔颖达等疏已指出注文出处，以为"上衣比君，下裳法臣"。按，昭公十二年《左传》："黄，中之色也。裳，下之饰也。元，善之长也。中不忠，不得其色。下不共，不得其饰。事不善，不得其极……且夫《易》，不可以占险，将何事也？且可饰乎？中美能黄，上美为元，下美则裳，参成可筮。"《左传》这一段话可以证明《坤卦》六五爻辞实有根据。黄裳得其色，得其饰，君臣和谐，所以"元吉"（大吉）。《左传》这一段话又证明《易》可以占筮。像这样经籍互证的例子可以举出很多。

❼ "用六"，与《乾卦》"用九"相对相应。孔疏："此坤之六爻总辞也。言坤之所用，用此众爻之六。六是柔顺，不可纯柔，故利在永贞。永，长也。贞，正也。言长能贞正也。"今按：《乾卦》"用九"，马王堆出土帛书《周易》作"迵九"，宋祚胤先生为岳麓书社出版的《周易》作注译，认为迵九"是说把本卦六个阳爻总起来看"，是所谓通观。这个说法与《坤卦》"用六"孔疏正相合。

## 原文

《文言》曰：坤，至柔而动也刚，至静而德方，后得主而有常，含万物而化光。坤道其顺乎！承天而时行。积善之家，必有余庆；积不善之家，必有余殃。[1]臣弑其君，子弑其父，非一朝一夕之故，其所由来者渐矣，由辩之不早辩也。《易》曰："履霜，坚冰至。"盖言顺也[2]。直，其正也。方，其义也。君子敬以直内，义以方外，敬、义立而德不孤。[3]"直，方（，大）；不习，无不利"，则不疑其所行也。阴虽有美含之，以从王事，弗敢成也。地道也，妻道也，臣道也，地道无成而代有终也。天地变化，草木蕃；天地闭，贤人隐。《易》曰："括囊，无咎无誉。"盖言谨[4]也。君子黄中通理，正位居体，美在其中而畅于四支、发于事业，美之至也。阴（疑）〔凝〕[5]于阳，必战，为其嫌于（无）阳也[6]，故称龙焉；犹未离其类也，故称血焉。夫玄黄者，天地之杂也，天玄而地黄。

## 注释

❶《坤卦·文言》前面这几句是韵文。"刚""方""常""光""行""庆""殃"七字，都在曾先生《韵谱》央摄（段《表》第十部）。这一段韵文至少有两方面的思想值得注意：一是论柔与刚，动刚与静德之间的关系，二是论积善积不善必有相应的结局。在中国思想史里，反映因果报应思想的典籍，除了甲金文，《周易》要算是比较早的了。

❷"盖言顺也"，朱熹《周易本义》说"顺当作慎"。船山先生说："'顺'如'顺过遂非'之顺，即所谓'驯致'也。"钱竹汀也说："'驯'与'顺'古文相通。《象传》之'驯致'与《文言》之'顺'，其义一也……'顺'与'驯'义同而音亦相近，不当破'顺'为'慎'也。"（《潜研堂文集》卷四《答问一》）按，孔疏："盖言顺习阴恶之道……凡万事之起，皆从小至大，从微至著……"也就是上文"所由来者渐矣"的意思。孔颖达、钱竹汀与船山先生的说法是对的。

❸《周易》常常直接说到君子的行为操守。中华民族的传统美德，在《周易》一书中往往表现在君子的言行里。朱熹说："敬立而内自直，义形而外自方。""敬是立己之本，义是处事截然方正，各得其宜。"船山先生说："'内'以持己言，'外'以应物言。主敬则心不妄动而自无曲挠，行义则守正不迁而事各有制；天下皆敬而服之，德不孤而行之无疑矣。""六二居中得正，敬德也；顺而不违于天则，义行也：故为坤道之盛，而君子立德之本也。"我们认为朱夫子与船山先生这里都道出了原文原意。

❹孔疏："谨谓谨慎。"这个"谨"与前文的"顺"有区别，不是变文

避复。

❺ 据本卦初六爻辞改。但也有学者认为这个“疑”应读为“拟”。

❻ 王伯申《经义述闻》卷二“嫌于无阳”条认为应从苟爽本,以无“无”字为长。王氏说:“阴盛上拟于阳(正义谓‘阴盛为阳所疑’,失之),故曰‘嫌于阳’。”

# 屯

## 导读

这个卦名读 zhūn。陆德明《周易音义》:“屯,张伦反,难也,盈也。”按:这个卦的《彖传》出现“难”“盈”二字。而爻辞、《象传》与“难”有关的用语居多。《京氏易传》:“屯,内外刚长,阴阳升降,动而险。凡为物之始皆出先难后易,今屯则阴阳交争,天地始分,万物萌兆在于动难,故曰屯。”我们看其中“险”“难”不免,从知西汉京房说《屯》,与至今流行的意见差不多。按,朱熹说:“《屯》是阴阳未通之时,《蹇》是流行之中有蹇滞,《困》则穷矣。”把《屯》《蹇》《困》列为一类,也与传统观点一致。而闻一多先生说“屯”“纯”古今字,李镜池先生说本卦九五爻辞之“屯”借为“囤”,那该是所谓随文为训。

## 原文

䷂震下坎上　屯:元亨,利贞。勿用有攸往。利建侯。

《彖》曰:《屯》,刚柔始交而难生❶,动乎险中,大亨贞。雷雨之动满盈,天造草昧,宜建侯,而不宁。❷

## 注释

❶《屯卦》由震、坎两卦组成。震是雷,坎是水,雷刚而水柔,所以说“刚柔始交”。“交”是相接触的意思。刚与柔相接触,就产生一些麻烦事,难办的事,所以说“刚柔始交而难生”。

❷《考工记·梓人》:“毋或若女不宁侯,不属于王所,故抗而射女。”不宁侯,就是“不属于王所”(不朝于王庭)的诸侯。“宜建侯”,宜于封建诸侯。“而不宁”,不宁就是“不庭”。王朝封建的诸侯不来朝贡,何“宜”之有?既说宜于建侯,又说建侯不宁,实不通。若依王伯申《经传释词》,认为“宜”与“仪”“义”相通,将“宜”“仪”“义”视为语助词,“宜建侯而不宁”句仍然讲不通。后来吴国泰先生不同意《经传释词》的说法,认为“仪义皆有实义,不为语助”,“仪者,度也;度者,谓揣度也”。(见中华书局1963年版《文史》第二辑《〈经传释词〉臆正》一文)按:揣度建侯而不宁,预测所封诸侯有不来朝者,这不正是所谓“屯”(难)吗?然而遍查《周易》词例,找不到“宜”作“揣度”讲的佐证(也找不到“宜”作语助词的例子),所以我们不能不寻找别的解说。按,王伯申《经义述闻》卷三“柔远能迩”条:“《屯·象传》:‘宜建侯而不宁’,郑本‘而’作‘能’,云:能,犹安也。”愚钝如鄙人者,竟由此而恍然大悟:原来“宜建侯”与“而不宁”并列,“宜”与“而”(“能”)义近,“宜建侯”就是利建侯,“而不宁”就是安不宁,语义实一贯而毫无窒碍,总算真正讲通了。又按:娘日古入泥,“而”与“能”古字通,应可无疑。

## 原文

《象》曰:云雷,屯;君子以经纶。❸

初九:磐桓,利居贞,利建侯。《象》曰:虽磐桓,志行正也。以贵下贱,大得民也。❹

六二:屯如邅如,乘马班如。匪寇,婚媾。女子贞,不字,十年乃字。❺《象》曰:六二之难,乘刚也。“十年乃字”,反常也。

## 注释

❸“经纶”,《释文》作“经论”,又说:“郑如字,谓论撰《书》《礼》《乐》施政事。黄颖云:‘经论,匡济也。本亦作纶。’”李氏《集解》引荀爽的话:“屯难之代,万事失正。经者,常也。论者,理

也。君子以经论,不失常道也。"又引姚信的话:"经,纬也。时在屯难,是天地经论之日,故君子法之,须经论艰难也。"由上面的引文,可知《集解》本作"经论"。按:孔疏所据本作"经纶"。孔疏认为"经纶"的意思是:"言君子法此《屯》象,有为之时以经纶天下,约束于物,故云'君子以经纶'也。"孔氏否决了姚信,引用刘表、郑玄的意见,这里不具录。我们认为刘表、郑玄要求尊重本意,自无可厚非;姚信的说法,如我们上文从《集解》录出的"时在屯难"云云,也是有道理的。

❹ 在上位者能"以贵下贱",自可赢得民心。得民心者得天下,这可是古今永恒的真理。

❺ 这里"如"是语助词。邅(zhān),难走的意思,与屯义同。李鼎祚《集解》引虞翻的说法:"班,踬也。马不进,故'班如'矣。"按:踬读 zhì,绊倒的意思,引申为不顺畅的意思。宋祚胤先生认为这个"班"与"盘"相通,就是"盘桓""徘徊"的意思,其说甚当。但他将"女子贞不字"解释为女郎守正道"暂时不肯许嫁给人",恐怕未必准确。王伯申《经义述闻》卷一"女子贞不字"条以为"当以虞郭二家之训为是"。虞指虞翻,训"字"为"妊娠"。郭指郭璞,他把《中山经》"食之不字"的"字"说成"生"的意思。这里"不字"就是不生小孩,"十年乃字"就是过了很长时间才生孩子,其他的说法有失妥当。

## 原文

六三:即鹿无虞,惟入于林中,君子几不如舍。往,吝。[6]《象》曰:"即鹿无虞",以从禽也。君子舍之,往吝穷也。

六四:乘马班如,求婚媾。往吉,无不利。《象》曰:求而往,明也。

九五:屯其膏,小贞吉,大贞凶。《象》曰:"屯其膏",施未光也。[7]

上六:乘马班如,泣血涟如。《象》曰:"泣血涟如",何可长也?

## 注释

❻ 李鼎祚《集解》引虞翻注:"即,就也。虞谓虞人掌禽兽者。""几,近。舍,置。吝,疵也。"追逐野鹿而没有虞人帮助,还不如放弃。往入林中,会出差错。按:《易经》中"吝"字多见,都表示困穷、会遭到麻烦的意思。

❼ 李氏《集解》引虞翻的话:"坎雨称膏。"虞氏引《诗·下泉》"阴雨膏之"为证,可信。依《集解》引崔憬注,这里"膏"指"膏泽之惠"。王辅嗣注、孔颖达等疏也是这个意思。"施未光也",这个"光"与《尧典》"光被四表"之"光"义同,也就是"广"的意思。参看王伯申《经义述闻》卷三"光被四表"条。

# 蒙

## 导读

《说文》:"蒙,王女也。"段注引《释草》为证,又说:"疑《尔雅》、毛传……不谓一物。""今人冢冒皆用'蒙'字为之。"按:《说文》说的是"蒙"字本义。李鼎祚《集解》引郑氏的话:"蒙,幼小之貌。齐人谓萌为蒙也。"又引干宝的解说:"蒙为物之稚也,施之于人则童蒙也。"孔疏:"蒙者微昧暗弱之名。"依此类解释,本卦内容自与幼稚与青少年有关,说的是发蒙而培养智力与青少年成长之事。有别的说法,譬如有学者认为本卦是讲农业的专卦,未必符合《蒙卦》本义。

## 原文

䷃坎下艮上　蒙:亨。匪我求童蒙,童蒙〔来〕求我。初筮,告;再,三,渎,渎则不告。[1]利贞。

《彖》曰:《蒙》,山下有险,险而止,蒙。"蒙亨",以亨行时中也。“匪我求童蒙，童蒙〔来〕求我”，志应也。“初筮，告”，以刚中也。“再，三，渎，渎则不告”，渎蒙也；蒙以养正，圣功也。

(《彖》)〔《象》〕曰：山下出泉，蒙。君子以果行育德。

初六：发蒙，利用刑人。用说桎梏以往，吝。《象》曰：“利用刑人”，以正法也。

九二：包蒙，吉。纳妇，吉。子克家。《象》曰：“子克家”，刚柔(节)〔接〕也。[2]

## 注释

❶ 王氏父子认为“童蒙”下应有“来”字(见《经义述闻》卷一)。今从之。渎(dú)，轻慢，不恭不敬，亵渎。据说用蓍草占卦问吉凶，只能问一次，问两次以上就是亵渎神灵了，神灵就不肯指示吉凶了。

❷ 《书·尧典》“允恭克让”，伪孔传：“克，能。”宣八年《春秋》“日中而克葬”，杜注：“克，成也。”子克家，就是子该成家了，或者子能持家了。纳妇则成家。持家应挈妇。“包蒙，吉”，“纳妇，吉”，包蒙纳妇，与《诗·召南·野有死麇》“白茅包之”“吉士诱之”有相似的意思。这样讲，则视蒙为草木之物，应是用蒙的本义。船山先生《周易内传》卷一说“‘纳妇’以下别为一义”，则与“包蒙”句不相通，是别为一说了。“刚柔接”，孔疏本不误，阮刻“接”误为“节”，未校出。按：《集解》亦作“接”。

## 原文

六三：勿用取女，见金夫，不有躬，无攸利。[3]《象》曰：“勿用取女”，行不顺也。

六四：困蒙，吝。《象》曰：困蒙之吝，独远实也。

六五：童蒙[4]，吉。《象》曰：童蒙之吉，顺以巽[5]也。

上九：击蒙，不利为寇，利御寇。《象》曰：利用御寇，上下顺也。

### 注释

❸ 闻一多先生认为“金夫”“不有躬”语皆无义，“疑夫当为矢，躬当为弓，并字之误”。但另有研究《易经》的专家认为“金夫”“不有躬”都可以讲通，无须改字。王辅嗣注：“六三在下卦之上，上九在上卦之上，男女之义也。上不求三而三求上，女先求男者也。女之为体，正行以待命者也。见刚夫而求之，故曰不有躬也。”这样，也就“无攸利”了。我们认为这里王辅嗣注倒是可取的。

❹ 前有“发蒙”“包蒙”“困蒙”，后有“击蒙”，发、包、困、击都是动词，这“童蒙”之“童”是否也该视为动词？李镜池先生说“童借为撞”，与“击蒙”意思相同，这个讲法值得注意。但我们认为这“童”仍是童稚之童，与卦辞彖辞相应。

❺ 巽(xùn)，这里音义同“逊”。

## 需

### 导读

这个“需”的含义，《彖辞》已经作了明确的解说：“须也，险在前也。”《集解》引何妥的话：“此明得名由于坎也。坎为险也。有险在前，不可妄涉，故须待时然后动也。”按：“须”训为等待，可以找到旁证。如《礼经·士昏礼》“敢不敬须”，注：“须，待。”而等待就必须有忍耐的意志与毅力，所以朱熹说：“需者，宁耐之意。以刚遇险，时节如此，只当宁耐以待之。”（《朱子语类》卷七十《易六·需》）又，愿意等待，也是敬意的表示。

### 原文

䷄乾下坎上　需：有孚，光亨。[1]贞吉，利涉大川。

《彖》曰：《需》，须也，险在前也。刚健而不陷，其义不困穷矣。“需，有孚，光亨，贞吉”，位乎天位，以正中也。“利涉大川”，往有功也。

《象》曰：云上于天，需[2]；君子以饮食宴乐。

初九：需于郊，利用恒，无咎。《象》曰："需于郊"，不犯难行也。"利用恒，无咎"，未失常也。

九二：需于沙，小有言[3]，终吉。《象》曰："需于沙"，（衍）〔行〕[4]在中也。虽小有言，以（终）吉〔终〕也。

## 注释

❶ 庄公十年《左传》"小信未孚"，杜注："孚，大信也。"大信遍及国民，所以"光亨"。王伯申认为"光亨"之光"犹广也"，那么光亨就是广亨，大亨，其说见《经义述闻》卷一，可从之。闻一多先生读"光亨"为"元亨"，说是"大享"的意思。按：《上海博物馆藏战国楚竹书（三）·周易》（以下简称竹书《周易》）做"光卿"。"卿"为古"饗"字，与"亨"相通。也有不把"孚"当"诚信"讲的。我们认为只要前后一致，讲得通就行。

❷ 李鼎祚《集解》引宋衷的说法："云上于天，须时而降也。"是把"需"解释为"须"，等待时节的意思。《彖》："需，须也。"这是常训。

❸ 据《说文》，"言"，从口辛声；"辛，辠也"，"读若愆"。可见孔疏把"小有言"解释为"小有责让之言"是有根据的。

❹ "衍"字为衍文，说详王伯申《经义述闻》卷二"衍在中也"条。《释文》谓"沙，郑作沚"，两通。

## 原文

九三：需于泥，致寇至。《象》曰："需于泥"，灾在外也。自我致寇，敬慎不败也。

六四：需于血，出自穴。《象》曰："需于血"，顺以听也。

九五：需于酒食，贞吉。《象》曰："酒食，贞吉"，以中正也。

上六:入于穴,有不速之客三人来,敬之,终吉。《象》曰:"不速之客来,敬之,终吉"〔也〕,虽不当位,未大失也。❺

## 注释

❺ 王船山《周易内传》卷一下《需》解释说:"'不当位',《本义》云'未详',窃谓不当'需'之主位也。"按:荀爽说"不当位"指"上降居三"(见李鼎祚《集解》),那是根据上六爻位变化后的情况说话。孔疏:"言己虽不当位而以一阴为三阳之主,若不敬之,则有凶害;今由己能敬之,虽不当位,亦未有大失。言初时虽有小失,终久乃获吉。"这样说较为好懂。又,王氏父子说"不速之客来,敬之,终吉"三句,"吉"下当有"也"字(见《经义述闻》卷二),其理由有二:一是"《象传》无连三句不用'也'字者",二是"入韵之字,其下皆有'也'字"。他们说的第一个理由自是对小象而言,第二个理由与实际情况相符。《需·上六》象辞应以"吉""失"为韵,"吉"下应有"也"字,属于"称述经文即以为韵者"一类。朱熹说过:"凡《彖辞》《象辞》皆押韵。"(《朱子语类》卷第六十七)那是从《周易》本文发现的通例之一。

# 讼

## 导读

《集解》引郑氏曰:"讼,犹争也。"孔疏:"物有不和,情相乖争,而致其讼。"《说文》:"讼,争也。"段注:"公言之也。"讼是口舌言论之争,而争斗有口舌言论之外的方式。

## 原文

䷅坎下乾上　讼:有孚,窒,惕,中吉,终凶。❶利见大人。不利涉大川。

《彖》曰：《讼》，上刚下险，险而健，讼。"讼，有孚，窒，惕，中吉"，刚来而得中也。"终凶"，讼不可成也。"利见大人"，尚中正也。"不利涉大川"，入于渊也。

《象》曰：天与水违行，讼；君子以作事谋始。

初六：不永所事，小有言，终吉。《象》曰："不永所事"，讼不可长也。[2]虽小有言，其辩明也。

## 注释

❶ 讼(sòng)，为争辩是非而打官司。有信实的人打官司，也会碰到窒碍，但如果时时警惕，官司之中会有吉利的情况。下文《象辞》说："终凶，讼不可成也。""九二"爻辞"不克讼，归而逋其邑人三百户"也就是所谓"终凶"。可见光是凭信实，并不一定能打赢官司。这里面原因就复杂了。

❷ 孔疏："永，长也。不可长久为斗讼之事，以讼不可终也。"按：不获已而讼，然而把太多的精力与时间消耗在斗讼之中，终究不是好事，所以说"不永所事"，"讼不可长"。

## 原文

九二：不克讼，归，而逋其邑人三(百)〔四〕户，无眚。[3]《象》曰：不克讼，归逋窜也。自下讼上，患至掇也。[4]

六三：食旧德，贞厉，终吉。或从王事，无成。《象》曰："食旧德"，从上吉也。

## 注释

❸ 眚(shěng)，灾祸。《讼》九二爻辞的句读，所见有三种。王辅嗣注"归窜其邑，乃可以免灾"，显然是以"归而逋其邑"作一句。李鼎祚《集解》、王夫之《周易内传》读"归而逋"作一句。宋祚胤先生《周易注译》也是"归而逋"点断。李镜池先生读"归而逋其邑

人三百户”句绝。前两种读法有一个问题不可避免,那就是:“无眚”的人究竟是什么人?是“人三百户”“其邑人三百户”,还是“不克讼”者呢?讼卦本义,所谓“吉”“凶”“无眚”“无成”“元吉”,都不可能是替“邑人”或“人三百户”说的话。我们采用李镜池先生的读法,因为我们认为“无眚”是为“不克讼”者说的。逋者其邑人,非“不克讼”者。其邑人三百户逃跑了,对“不克讼”者而言,固然是损失,但还不算是灾难,所以说“无眚”。闻一多先生说“逋”读为赋。赋的对象为“邑人”,则句读与李先生相同。下文象辞说“归逋窜”,自是读“归而逋”绝句。依闻先生或《象辞》的读法,赋其邑人,“其邑人三百户无眚”,都只是记载“不克讼”之后的事情或结果罢了。“三百户”之“百”,竹书《周易》作“四”,马王堆汉墓出土帛书《周易》(以下简称“帛书《周易》”)亦作“百”。数字差别不少,既然逋而“无眚”,当以作“四”为是。

❹ 依本爻《象辞》“归逋窜”句,则爻辞应读“归而逋”成一句,“逋窜”者非邑人而为“不克讼”者。已有学者指出《象辞》不一定与卦爻辞如出一辙,所以这里没有必要依据《象辞》决定爻辞的句读。“自下讼上”句以下,孔疏:“‘自下讼上’,悖逆之道,故祸患来至,若手自拾掇其物,言患必来也。”可见下级告上司,民告官,自古以来戛戛乎其难。

## 原文

九四:不克讼,复即命,渝;安贞,吉。《象》曰:“复即命,渝;安贞”,不失也。

九五:讼,元吉。《象》曰:“讼,元吉”,以中正也。❺

上九:或锡之鞶带,终朝三褫之。《象》曰:以讼受服,亦不足敬也。❻

## 注释

❺ 九五爻辞说“讼,元吉”,与《讼卦》辞说的“讼……终凶”有矛盾,

但是与卦辞说的“中吉”相合。《象辞》说“讼元吉以中正也”，意思是九五处中而得正位，在这种情况下，讼事可得大吉。

❻ 这里锡就是赐。鞶(pán)，皮革制的大带，这里可以是命服的代称。下文“受服”，即受命服之赐。褫(chǐ)，剥夺的意思；《集解》本经文作拕，《说文》段注：“郑本作拕，假拕为褫也。”这个“三”是虚数，言其多。“或锡之鞶，终朝三褫之”，既已锡之，旋又夺之，而且反复再三，或许反映当时朝纲不肃，政局不稳，或者表现了国君喜怒无常，没有主见。可是竹书《周易》不是“三褫之”，而是“三麌之”。竹书《周易》整理者濮茅左君谓“麌”为“表”之古文，“三麌之”就是“再三明确此事”。我们不知道有没有这样做的必要，姑且存疑就是了。六三爻辞说：“或从王事，无成。”可见“食旧德”者并未为国为君王立功。光是因为打赢了官司而受服饰之赐，在《象辞》作者看来并不值得尊重。这里《彖传》的说法应有根据。又，上九爻的《象辞》“亦不足敬也”，与九五爻的《象辞》“以中正也”押韵；九四爻的《象辞》“不失也”，与六三爻的《象辞》“从上吉也”押韵：可见《周易》文中押韵的另一种情况，即邻近爻辞的《象辞》末句押韵而本爻《象辞》内部不押韵。就在《讼卦》六爻之中，也有本爻《象辞》内部押韵的情况，譬如初六《象辞》就属于此类。

# 师

## 导读

《象辞》说这个“师”是“众”。《集解》引何晏的话：“师者，军旅之名。”按：军旅也是“众”。九二爻辞有“王三锡命”，上六爻辞说“大君有命，开国承家”，则所谓“师”应为君王之师。说“师出以律”，说“小人勿用”，强调民众的作用，这些话都是对的。

## 原文

䷆坎下坤上　师：贞，丈[1]人吉，无咎。

《彖》曰：师，众也。贞，正也。能以众正，可以王矣。刚中而应，行险而顺，以此毒天下而民从之，吉[2]，又何咎矣！

《象》曰：地中有水，师；君子以容民畜众。[3]

初六：师出以律。否臧，凶。《象》曰："师出以律"，失律凶也。[4]

九二：在师中吉，无咎，王三锡命。《象》曰："在师中吉"，承天宠也。"王三锡命"，怀万邦也。

## 注释

❶ 李鼎祚《周易集解》据《子夏传》以为"丈"当作"大"。帛书《周易》也说是"大"。今知竹书《周易》作"丈"。今依通行本与竹书，姑仍之。《集解》引陆绩："丈人者，圣人也。"

❷ 这里有两种解说。第一种，《释文》引马注："毒，治也。"王伯申引《广雅》："毒，安也。"这当然好说。第二种，王辅嗣注："毒，犹役也。"《释文》："役也。"《集解》引干宝的话："毒，荼苦也。""役"何尝没有"荼苦"的意思？但只要民众乐意顺从，也就能逢凶化吉。两说皆通。

❸ "地中有水"，自是就本卦爻象而言。这里《象辞》宣传的"容民畜众"的思想值得重视。失去了民众，"师"也就不存在了，孤家寡人成不了大气候。

❹ 王氏父子不赞成解释《史记·律书》的《索隐》与《正义》的说法，不同意把"律"讲成"吹律听声"的"律"，而认为这里"律"指"军之常法"。今从之。

## 原文

六三：师或舆尸，凶。《象》曰："师或舆尸"，大无功也。

六四：师左次，无咎。《象》曰："左次，无咎"，未失常也。

六五:田有禽。利执言,无咎。长子帅师,弟子舆尸,贞凶。[5]《象》曰:"长子帅师",以中行也。"弟子舆尸",使不当也。

上六:大君有命,开国承家,小人勿用。《象》曰:"大君有命",以正功也。"小人勿用",必乱邦也。[6]

**注释**

[5] "长子帅师",为古代军礼之大忌。弟子当另有所用,而任以"舆尸"之责,时人以为不妥。旧注疏据爻位而言,亦可备一说。

[6] 师卦六三爻辞"舆尸",六五爻辞"执言",闻一多先生别创新解,说"舆尸"犹《楚辞·天问》之"载尸"(《璞堂杂识》),"言"读为"讯","田而获禽,犹之战而执讯矣"(《周易义证类纂》),有理有据。初六爻辞"师出以律",实为军事经验之总结。上六爻辞"开国承家,小人勿用",有人认为也是治理国家经验之谈:这里国是诸侯国,家是大夫家。不能任用小人,因为小人当政,势必乱国败家。惟王氏父子据全《易》"勿用"通例,认为"勿用"是"无所施行"的意思,"小人处上六之位,惟当自守,不宜有所行,有所施行则必至于乱邦"。我们认为王氏父子据通例指出这一点是对的。又,上六爻辞"大君有命,开国承家",竹书《周易》作"大君子又命,启邦丞家",不避汉高祖刘邦讳,分明早于帛书《周易》与今本《周易》。这里《象辞》"以正功也"句与"必乱邦也"句押韵,上古"功""邦"都在曾先生《韵谱》邕摄,段《表》第九部。按:《象辞》之作也不避汉高讳,其在西汉之前自无疑问。

# 比

**导读**

这个"比",重在比附、亲近之义。"比之匪人",站错了队,那就危险了。

## 原文

䷇坤下坎上　比:吉。原筮,元[1]永贞,无咎。不宁方来,后夫凶。[2]

《彖》曰:“(比,吉也。)《比》,辅也,下顺从也。“〔比,吉;〕[3]原筮,元永贞,无咎”,以刚中也。“不宁方来”,上下应也。“后夫凶”,其道穷也。

## 注释

❶ 高亨《周易古经今注》谓“元”下当有“亨”,其说与帛书《周易》不合,与竹书《周易》也不合。“原筮”,孔疏解释为“原穷其情,筮决其意”,其说可从。

❷ 李镜池先生援引《考工记》“毋或若女不宁侯”解释“不宁方来”,引用《国语·鲁语》“防风氏后至,禹杀而戮之”一事解释“后夫凶”,把“方”解释为邦国,其说有据而且颇为妥当,今从之。

❸ “比吉也”,“也”字涉下文“比辅也”而衍;“比吉”二字当在下文“原筮”之上。说见王伯申《经义述闻》卷二。①

## 原文

《象》曰:地上有水,比;先王以建万国亲诸侯。

初六:有孚,比之,无咎。有孚,盈缶,终来有它,吉。[4]《象》曰:《比》之初六,有它吉也。

六二:比之自内,贞吉。《象》曰:“比之自内”,不自失也。

六三:比之匪人。《象》曰:“比之匪人”,不亦伤乎!

六四:外比之,贞吉。《象》曰:外比于贤,以从上也。

九五:显比,王用三驱,失前禽,邑人不诫,吉。[5]《象》曰:“显比”

---

① 按:“比吉也”,“也”字之衍,朱熹已经指出。看《朱子语类》卷第七十《易六·比》。

之吉，位正中也。舍逆取顺，失前禽也。“邑人不诫”，上使中也。

上六：比之无首，凶。《象》曰：“比之无首”，无所终也。

## 注释

❹《说文》：“比，密也。”段注：“其本义谓相亲密也。”比卦初六“有孚，比之”，意思是以诚信结交，自然亲密而“无咎”了。盈缶，李鼎祚《集解》引虞翻注：“坤器为缶，坎水流坤，初动成屯，屯者盈也。”比卦由下坤上坎组成，虞氏据卦象对初六爻辞“盈缶”作出解释，其说自有据。又，这里“盈缶”应该是有意而用的比喻。帛书《周易》同作“盈缶”，竹书《周易》作“海缶”，皆通。《集解》引荀爽注：“缶者应内，以喻中国。孚既盈满中国，终来及初非应，故曰他也。《象》云‘有他吉’者，谓信及非应然后吉也。”诚信的力量能够吸引他邦，当然是“吉”。关于“终来有它，吉”句，李镜池先生有不同的解释，他说：“纵使发生了什么变故，也会比较好的。”这样讲也通。

❺“王用三驱，失前禽”，这里所谓“三驱”，显然指古人行于田狩之中的“三驱”礼，或者是“三度驱禽而射之”，或者是“三面著人驱禽”以待射。《周易音义》引马融的说法，以为“三驱者，一曰乾豆，二曰宾客，三曰君庖”，虽可备一说，而不如上文两“或者”句表示的说法准确。拙撰《中国礼制史·秦汉卷》第二章第十一节，《隋唐五代卷》第二章第十一节，论述较为详尽，这里不必多说。“邑人不诫”，俞樾先生《群经平议》认为“诫”是“骇”的借字，很精当。虽然失了前禽，好在没有造成邑人惊骇的场面，这也该算是“吉”了。朱熹说“邑人不诫吉”一句似可疑（见《朱子语类》卷第七十《易六·比》），盖以为“诫”必训为“戒约”而不可通假之故。

# 小畜

## 导读

孔疏：“但小有所畜……所畜狭小，故名小畜。”这个卦可与后面的

《大畜卦》合观。两卦内容,与小家庭生活、生产(包括畜牧业)有关。

## 原文

☴乾下巽上　小畜:亨。密云不雨,自我西郊。

《彖》曰:《小畜》,柔得位而上下应之,曰小畜。健而巽,刚中而志行,乃亨。"密云不雨",尚往也。"自我西郊",施未行也。

《象》曰:风行天上,小畜;君子以懿文德。

初九:复自道❶,何其咎?吉。《象》曰:"复自道",其义吉也。

九二:牵复,吉。《象》曰:牵复在中,亦不自失也。

九三:舆说(辐)〔輹〕❷,夫妻反目。《象》曰:"夫妻反目",不能正室也。

六四:有孚,血去惕出,无咎。❸《象》曰:"有孚""惕出",上合志也。

## 注释

❶ 王伯申说:"《易》凡言'出自穴','告自邑','纳约自牖','有陨自天',下一字皆实指其地。"他认为"'复自道'亦然",这个"道"即指道路(《经义述闻》卷一)。今从之。

❷ 通行本这里作"辐",宋祚胤先生《周易注译》认为不如李鼎祚《集解》作輹妥当。因为"辐"是车轮的辐条,脱了辐条,车轴与车身仍然连接,而"輹"指连接车轴与车身的钩(又叫伏兔),所以只有輹脱了,才能做下文"夫妻反目"的起兴。宋先生这个说法很有道理,今从之。至于古汉语中"说"有时表示"脱"的意思,这是常识。

❸ "血去"的血,《周易音义》引马融注:"当作恤,忧也。"有诚信的人可以解脱忧愁,提高警惕,这样就可以"无咎"了。

## 原文

九五:有孚挛如,富以其邻。《象》曰:"有孚挛如",不独富也。[4]

上九：既雨既处，尚德载妇。[5]贞厉。月几望，君子征，凶。《象》曰："既雨既处"，德积载也。"君子征，凶"，有所疑也。

## 注释

[4] 挛(luán)，《周易音义》引马融的解说："连也。"陆氏《音义》又说："子夏传作'恋'，云：思也。"按，李鼎祚《集解》引虞翻的说法："挛，引也。"挛训连，训思恋，训引，三说都可以讲通。"富以其邻"，李氏《集解》引虞氏注："以，及也。"富而不忘其邻，愿意走共同富裕的道路，先秦典籍《周易》早就反映了这样可贵的思想，实在应予珍视。这里《象传》的解说也是对的。

[5] "妇"字连下句读，自来多如此。郭沫若先生作《中国古代社会研究》，第一篇为《周易时代的社会生活》，其中引《小畜·上九》，"妇"字第一次从上句读。按：这样读，两句各四字，较为和谐。如果"妇"字属下句读，"既雨既处，尚德载"依闻一多先生的解说，本来可以息众人之喙，然而遍翻《周易》全书，没有找见"某贞厉"这种句式，故可断知"妇贞厉"的说法不能成立。而下文"贞厉"成句，应该是可以的，如《讼卦》六三，《履卦》九五，《噬嗑卦》六五，《晋卦》九四，《革卦》九三，都可以见到。所以我们认为郭沫若先生这样断句有道理，可从之。"尚德"的德，这里作"得"讲。"尚德载妇"，探下文"贞厉"，应该是指抢婚或企图抢婚。

# 履

## 导读

孔疏："履，谓履践也。"李镜池先生解释这个卦名说：'意为践履，引申为践履之道、行为。"而践履之道、行为受什么支配呢？《集解》引崔憬的话："履，礼也。"这既是音训，也是义训。朱熹说："履也是那践履处，所行若不由礼，自是乖戾。"

**原文**

☰兑下乾上　履虎尾，不咥[1]人，亨。

《彖》曰：《履》，柔履刚也。说而应乎乾，是以"履虎尾，不咥人，亨"。[2]刚中正，履帝位而不疚，光明也。[3]

**注释**

❶ 兑，这里指兑卦，读 yuè，音义与"悦"同。咥（dié），咬，啮。

❷ 王辅嗣注："凡彖者，言乎一卦之所以为主也。成卦之体在六三也……三为履主，以柔履刚，履危者也。"孔颖达等疏："六三阴爻在九二阳爻之上，故云柔履刚也。履谓履践也……六三在兑体，兑为和说，应于上九，上九在乾体。兑自和说应乎乾刚。以说应刚，无所见害，是以履践虎尾不咥害于人而得亨通也。"按注疏这几句有启示后学的意义，故摘录之。读卦爻辞，不可忽视"一卦之所以为主"，不可忽视诸爻位置。须知古人造卦设爻，不是随意拼凑，吾人于诸爻处位怎么能置之不理呢？

❸ 孔颖达等疏："'刚中正，履帝位'者，谓九五也。以刚处中，得其正位，居九五之尊，是'刚中正，履帝位'也。"按：明确指出"九五之尊"与"刚中正履帝位"者，首见《履卦·彖传》及其注疏。注所谓"言五之德"，当即指九五之德。

**原文**

《象》曰：上天下泽，履；君子以辩上下，定民志。[4]

初九：素履，往无咎。《象》曰：素履之往，独行愿也。

九二：履道坦坦，幽人[5]贞吉。《象》曰："幽人贞吉"，中不自乱也。

六三：眇能视，跛能履。履虎尾，咥人，凶。武人为于大君。《象》曰："眇能视"，不足以有明也。"跛能履"，不足以与行也。咥人之凶，位不当也。"武人为于大君"，志刚也。

## 注释

❹《象传》说的“上天下泽”,“君子以辩上下,定民志”,符合《履卦》本义。孔疏:“天尊在上,泽卑处下,君子法此《履卦》之象,以分辩上下尊卑,以定正民之志意,使尊卑有序也……若以二卦上下之象言之,则履礼也,在下以礼承事于上。此象之所言,取上下二卦卑承尊之义,故云‘上天下泽,履’。”按:这些话由《履卦》上下两部分以及爻位导出,决非凭臆妄言。“履礼也”一说,实质上已经在阐发《周易》与礼的关系。

❺王氏《经义述闻》卷一“幽人”条:“幽人非谓隐士”,而为“幽于狱中待议”之人。

## 原文

九四:履虎尾,愬愬❻。终吉。《象》曰:“愬愬”“终吉”,志行也。

九五:夬履,贞厉。❼《象》曰:“夬履,贞厉”,位正当也。

上九:视履,考祥,其旋,元吉。❽《象》曰:元吉在上,大有庆也。

## 注释

❻孔疏:“愬愬,危惧也。”

❼九五爻辞与所谓九五之尊竟毫无关系,《周易》六十四卦除《家人》《萃》《涣》外莫不如此。夬(这里读 jué,音义与“决”同)履贞厉,李氏《集解》引干宝的说法:“夬,决也。居中履正为履,贵主万方,所履一决于前。恐夬失正,恒惧危厉,故曰:‘夬履贞厉,位正当也。’”

❽朱熹解释“视履考祥”及其下两句说:“视其所履而考其祥,做得周备底,则大吉。”按:“祥”借为“详”。《释文》:“祥,本亦作详。”孔疏:“旋谓旋反也。”就是反复的意思。

# 泰

## 导读

《序卦》:“泰者通也。”孔疏:“所以得名为泰者,正由天地气交而生养万物,物得大通,故云泰也。”李镜池先生说:“泰:通,好。”又说:“与《否卦》相对立为组卦。”这样说,引入了“组卦”与“对立统一”的概念,很有道理。本卦爻辞与彖辞、象辞中充满辩证法的议论,也很有道理。李镜池先生之前,指出《泰》《否》两卦意思相反的学者不少,譬如虞翻、王船山等。

## 原文

䷊乾下坤上　泰:小往大来,吉,亨。

《彖》曰:《泰》“小往大来,吉,亨”,则是天地交而万物通也,上下交而其志同也,内阳而外阴,内健而外顺,内君子而外小人,君子道长,小人道消也。

《象》曰:天地交,泰。后以财成天地之道,辅相天地之宜,以左右民。❶

初九:拔茅茹以其汇❷,征吉。《象》曰:“拔茅”“征吉”,志在外也。

## 注释

❶《集解》引荀爽的话:“坤气上升以成天道,乾气下降以成地道。天地二气若时不交,则为闭塞;今既相交,乃通泰。”按:《序卦》所谓“有天地,然后有万物”,应该是“天地交”的结果。“后以财成天地之道”,这个“后”不是“先后”“前后”的后,《集解》引虞翻说:“后,君也。阴升乾位,坤女主,故称后。”《释文》“财”作“裁”。虞注以“财”为“财富”之财,失之拘泥。所谓“天地之道”,应该是“交泰”之理,与下文“天地之宜”义同。《集解》引郑

氏解释“财成天地之道”以及下文两句说：“财，节也。辅相、左右，助也。以者，取其顺阴阳之节为出内之政……皆可以成物助民也。”我们认为这样说较好。

❷ “拔茅茹以其汇”的“汇”，繁体作“彙”，王辅嗣注、孔颖达等疏都解说为“类”。如果《周易》卦爻辞作于西周，那么，泰卦初九爻辞就可以算是类概念产生于西周的文献证据了。

## 原文

九二：包荒用冯河，不遐遗。朋亡，得尚于中行。❸《象》曰：“包荒”“得尚于中行”，以光大也。

九三：无平不陂，无往不复，艰贞无咎。勿恤，其孚于食，有福。❹《象》曰：“无往不复”，天地际也。❺

## 注释

❸ 《泰卦》九二爻辞的意思，自来以闻一多先生说的最为准确。闻先生说：“包荒即匏瓜，声之转……‘包荒用冯河’，即以匏瓜渡河。”“不遐遗”的“不遐”，闻先生以为是“不至”的意思，“不遐遗”就是不至于坠入河里。我们原认为“不遐遗”就是《诗·周南·汝坟》“不我遐弃”的意思，后来联系上文“包荒用冯河”一句细加琢磨，终于领会闻先生解释精妙，其说可取。“中行”，有学者说是人名。与六五爻辞“中以行愿也”联系起来思索，我们认为“中行”恐非人名。王辅嗣注：“尚犹配也。中行谓五。”孔疏：“中行谓六五也。处中而行，以九二所为如此……得配六五之中也。”荀爽、虞翻、朱熹、王夫之诸家并不以中行为人名。船山先生将“中行”解释为“中道”，我们认为其说可参。

❹ 陂，这里应读 pō，音义同“坡”。《周易音义》：“破何反，偏也。”（有说陂读 bēi 的。既有《音义》为证，我们认为不如直接读 pō 好了。）“无平不陂，无往不复”，这样讲，符合辩证法。“勿恤”，不用发愁。其下就是不用忧愁的内容。王伯申说：“鬼神来飨亦谓之

食。”信有鬼神佑助，故必有福。

❺ “天地际也”，与小戴辑《礼记·中庸》“言其上下察也”句义相同。“上下”就是天地。察，依杨伯峻先生的解释，就是际，察、际就是相接相合的意思。我们的《四书校注》引用了杨先生的说法，这里不烦引。今按：“‘无往不复’，天地际也”，就是《大象》“天地交，泰”的意思。

## 原文

六四：翩翩，不富以其邻，不戒以孚。❻《象》曰：“翩翩”，“不富”，皆失实也。“不戒以孚”，中心愿也。

六五：帝乙归妹，以祉。元吉。❼《象》曰：“以祉”“元吉”，中以行愿也。

上六：城复于隍，勿用师❽，自邑告命。贞吝。《象》曰：“城复于隍”，其命乱也。

## 注释

❻ 这里“翩翩”借为“谝谝”，李镜池先生已经指出。谝谝，空话不可信。《小畜卦》九五爻辞说“富以其邻”，可是《泰卦》六四爻辞说的是“不富以其邻”，这个“以”还是“及”的意思。“不戒以孚”，孔疏：“不待戒告而自孚信以从已也。”不曾告诫（戒）人而人自诚信（孚）。按：李氏《集解》引虞翻注，以为这里的“不戒”与《比卦》“邑人不戒”同义，我们已经据孔疏说了不同的看法。

❼ 《泰卦》六五爻辞说的是殷周之间的婚事，这当然应该算是好事，所以说“以祉”，说“元吉”。王夫之《周易稗疏》卷一“帝乙归妹”条可以参考。

❽ 孔疏引《子夏传》：“隍是城下池也。城之为体，由基土培扶乃得为城。今下不培扶，城则损坏，以此崩倒，反复于隍，犹君之为体由臣之辅翼，今上下不交，臣不扶君，君道倾危，故云城复于

隍……君道已倾，不烦用师也。”按：城下沟无水曰隍。君道已倾而不用师，那就只能算是乱命而没有希望了。于醴尊先生《香草校书》卷二“上六，城复于隍”条：“复当读为覆。覆者倾覆之义……城覆于隍者，不过谓城倾覆于隍池耳。”其实王辅嗣注、孔颖达等疏的说法早已如此，而孔疏另有发挥之功。

# 否

## 导读

这个“否”读pǐ。《泰卦》由乾下坤上组成，《否卦》刚好相反，坤下乾上。《泰卦》是“小往大来，吉亨”，《否卦》是“不利君子贞，大往小来”。《周易》六十四卦，没有哪个卦找不到卦画与“一卦之所以为主”刚好相反相对的卦。李镜池先生《周易通义》称之为“组卦”，其说甚是。这反映了辩证法的对立统一。成语“否极泰来”，出自《周易》。依《周易》卦序，似乎应该说“泰极否来”；但若以辩证观点视之，可以认为古人概括的“否极泰来”的说法终究是对的。

## 原文

䷋坤下乾上　否之匪人，不利君子贞。大往小来。

《彖》曰：“否之匪人，不利君子贞”，“大往小来”，则是天地不交而万物不通也，上下不交而天下无邦也，内阴而外阳，内柔而外刚，内小人而外君子，小人道长，君子道消也。

《象》曰：天地不交，否；君子以俭德辟难，不可荣以禄。

初六：拔茅茹以其汇，贞吉，亨。《象》曰：“拔茅〔茹〕”，“贞吉”，志在君也。

六二：包承，小人吉，大人否，亨。《象》曰：“大人否，亨”，不乱群也。

六三：包羞。[1]《象》曰："包羞"，位不当也。

九四：有命，无咎，畴离祉。[2]《象》曰："有命，无咎"，志行也。

## 注释

❶ "包羞"的羞，或者解释为"羞辱"（如孔颖达等疏），或者说是"馐"的本字，指美味（如李镜池先生《周易通义》）。我们认为两说可以合而言之。六三阴爻居阳位，小人以美味美容向君子献媚；自君子观之，当然以为可羞恶之事。上文六二爻辞说"小人吉，大人否"，也是一爻而自两方面论之；那么，六三爻辞是否也可以一言而双关呢？

❷ "畴离祉"，王辅嗣注："今初志在君，处乎穷下，故可以'有命无咎'而畴丽福也。畴，谓初也。"李氏《集解》引《九家易》："畴者类也。谓四应初，据三与二同功，故阴类皆离祉也。离，附。祉，福也。"《九家易》说"四应初"，意即九四与初六相应，这样讲，实与王辅嗣说相同。孔疏可参，不烦引。

## 原文

九五：休否[3]，大人吉。其亡其亡，系于苞桑。《象》曰：大人之吉，位正当也。[4]

上九：倾否，先否后喜。《象》曰：否终则倾，何可长也！

## 注释

❸ 陆氏《周易音义》对"休"字的解释是："虚虬反，美也。又许求反，息也。注同。"按，王辅嗣注："居尊得位，能休否道者也……处君子道消之时，已居尊位，何可以安？故心存将危，乃得固也。"这是把"休"讲成止息。孔疏："休，美也。谓能行休美之事于否塞之时，能施此否闭之道，遏绝小人，则是否之休美者也。故云休否。"辅嗣注"休否道"本已明白，孔疏将"休"讲成"美"，不得不

迂曲而增字解经了。我们认为:依陆氏《音义》,将“休”解释为“息”,“休否”(息止否道)与下文“倾否”(倾毁否道)义近,是可以把九五爻辞讲通的;若是训“休”为“美”,就会像孔疏那样难通。

❹ 孔疏:“释‘大人吉’之义,言九五居尊得位,正所以当遏绝小人,得其吉。”这里依爻位而发,是对的。

# 同人

## 导读

同人是聚集众人(这里是众将士)的意思。治《易》前辈如李镜池先生,认为《同人卦》是“军事专卦”,我们认为这个说法符合卦爻辞反映的实际内容。中国古代军礼有誓师庙门而后出师,以及凯旋迎师郊劳诸礼,《同人卦》诸爻辞正是先秦军礼的概括性的记录。至于战争中“伏戎于莽”“乘其墉”“大师克相遇”一类场面,固未必与礼制有关,然而为战场上常有之事实无可疑。“先号咷而后笑”,应该看做挥泪洒血鏖兵苦战而终于获得胜利之后欢乐庆祝这样一个过程的概括。

## 原文

䷌离下乾上　同人于野,亨,利涉大川,利君子贞。

《彖》曰:《同人》,柔得位得中而应乎乾[1],曰同人。《同人》曰“同人于野,亨,利涉大川”,乾行也。文明以健,中正而应,君子正也。唯君子为能通天下之志。

《象》曰:天与火,同人;君子以类族辨物[2]。

初九:同人于门[3],无咎。《象》曰:出门同人,又谁咎也?

## 注释

❶ 王辅嗣注:“二为《同人》之主。”孔疏:“‘柔得位得中’者,谓六二也。上应九五,是应于乾也。”《集解》引蜀才用卦变说,不如孔疏

直截了当。

❷ 乾为天，离为火，见《说卦》。朱熹说："'类族辨物'，言类其族，辨其物。且如青底做一类，白底做一类，恁地类了时，同底自同，异底自异。"（《朱子语类》卷七十）今按：《周易》关于"君子"有一整套成系列的观点，如朱子所说，"大抵《易》为君子谋"。据《同人卦》，君子是应该"以类族辨物"，"能通天下之志"的人。

❸ "同人于门"，门者庙门。先在宗庙门前行誓师之礼，古代军礼习见。

## 原文

六二：同人于宗❹，吝。《象》曰："同人于宗"，吝道也。

九三：伏戎于莽，升其高陵，三岁不兴。《象》曰："伏戎于莽"，敌刚也。"三岁不兴"，安行也。

九四：乘其墉，弗克攻，吉。《象》曰："乘其墉"，义弗克也。其吉，则困而反则也。

九五：同人先号咷而后笑，大师克相遇。《象》曰：同人之先，以中直也。大师相遇，言相克也。

上九：同人于郊❺，无悔。《象》曰："同人于郊"，志未得也。

## 注释

❹《说文》："宗，尊祖庙也。"段注："当云尊也，祖庙也。尊莫尊于祖庙，故谓之宗庙。"《同人卦》六二爻辞"同人于宗"，意思是：国君聚集将帅在宗庙里行祭祀先祖之礼，祈求神灵佑助。

❺ "同人于郊"，郊劳回朝之师的礼典正是行于郊外。郊劳之后还有"同人于门""同人于宗"之礼，这一类礼典，至迟殷礼中已有之，譬如《殷虚书契后编》9·4记录的"王于门𡨦"，门应当就是宗庙之门。然而《同人卦》爻诸辞已经没有篇幅记载郊劳凯旋之师以后的事。又，《象传》说"'同人于郊'，志未得也"，与卦爻之

意不合。九五爻辞已经说过“大师克”,《象传》怎么能说“志未得”呢? 朱熹说:“取义不同,自不相悖。”《周易》爻辞确实有“取义不同”的情况,但是我们认为《同人》诸爻辞之间是有联系的,取义角度并无不同。

# 大有

## 导读

就字面意思而言,李镜池先生说“大有”的意思是大丰收,不错。可是大丰收这一层意思很难从本卦诸爻辞探得。《集解》引姚规的话,据互体作出了解说。王辅嗣注:“处尊以柔,居中以大,体无二阴以分其应,上下应之,靡所不纳,大有之义也。”这是据六五爻位与其他爻位的关系作出解说。我们宁肯相信辅嗣的说法。

## 原文

䷍乾下离上　大有:元亨。

《彖》曰:《大有》,柔得尊位大中而上下应之,曰大有。❶其德刚健而文明,应乎天而时行,是以元亨。

《象》曰:火在天上,大有;君子以遏恶扬善❷,顺天休命。

初九:无交害,匪咎。艰则无咎。❸《象》曰:《大有·初九》,无交害也。

九二:大车以载,有攸往,无咎。《象》曰:“大车以载”,积中不败也。

九三:公用亨于天子❹,小人弗克。《象》曰:“公用亨于天子”,小人害也。

## 注释

❶ 这里《彖传》对“大有”的解说,与王辅嗣注意思相同。应该说辅

嗣注取自《象传》。

❷ “遏恶扬善”这个观念很宝贵，它是全人类一切进步文化的共同主题。

❸ 《朱子语类》卷七十：“盖《易》之书大抵教人戒慎恐惧，无有以为易而处之者。虽至易之事，亦必以艰难处之，然后无咎也。”按：关于“艰则无咎”一句，朱子说得最好。

❹ 亨，《周易音义》记录了治《易》诸家的四种解说：一、“通也”；二、“享宴也”；三、“享祀也”；四、“众家并香两反，京云：献也”。后面三种讲法，都把“亨”当“享”字看。我们认为这里做“享”字而解说为“献”或“宴享”较好。又，“天子”一词出现在先秦典籍中，《周易·大有》九三爻辞应该算是比较早的。

## 原文

九四：匪其彭，无咎。[5]《象》曰：“匪其彭，无咎”，明辩晢也。

六五：厥孚交如威如，吉。[6]《象》曰：“厥孚交如”，信以发志也。“威如”之吉，易而无备也。

上九：自天祐之[7]，吉，无不利。《象》曰：《大有》上吉，自天祐也。

## 注释

❺ “匪其彭”，《周易音义》：“虞作尪。”按，作尪（wāng）可通。尪是患突胸仰向疾病的人。匪就是非。非尪者，当然“无咎”。《音义》又说：“干云：彭亨，骄满貌。”骄傲自满很难“无咎”。可是匪其彭，不是那种“骄满”之人，那就又可以“无咎”了。这样解说也可以讲通。

❻ 帛书《周易》“威如”下有“终”字，竹书《周易》“威如”下无之。孔疏：“厥，其也。孚，信也。交，谓交接也。如，语辞也。六五居尊以柔，处大以中，无私于物，上下应之，故其诚信物来交接，故云

‘厥孚交如’也……威,畏也。既诚且信,不言而教行,所为之处,人皆威敬,故云‘威如’。以用此道,故得吉也。”按:这里孔疏可资参考。又,据孔疏,则唐人所见《易》此处“威如”下作“吉”而无“终”字可知。

❼ 这里说“自天祐之”,是《周易》信天神、求天帝护佑的思想观念比较明显的表现。当然这在产生《周易》的时代一点也不奇怪。

# 谦

## 导读

谦虚是中华民族传统美德之一。《周易·谦卦》的《彖传》《象传》表述的思想很有些值得重视的东西。令人怀疑的有六二爻辞“鸣谦”与六四爻辞“㧑(huī)谦”。自鸣谦德,实际上就不算“谦”了。但若是告诫属下以谦让待人,那是对的。至于“㧑谦”,倘如《象传》所说“不违则”,那也没有什么不可以的。还有上六爻辞可疑,明言“利用行师征邑国”,还说这就是“鸣谦”,这又该如何理解呢?莫非真是玩弄权术?莫非为了“寝伐”(制止杀伐),必须行师征伐?但这就是“鸣谦”吗?总之,谦应是美德,而不应该是权术。权术之“谦”不是谦。朱熹说:“大抵《谦》自是用兵之道,只退处一步耳,所以‘利用侵伐’也。”他换了一个角度立论,可备一说。

## 原文

䷎艮下坤上　谦:亨。君子有终。

《彖》曰:《谦》“亨”,天道下济而光明,地道卑而上行,天道亏盈而益谦,地道变盈而流谦,鬼神害盈而福谦,人道恶盈而好谦。谦尊而光,卑而不可逾,君子之终也。

《象》曰:地中有山,谦;君子以裒多益寡,称物平施。❶

初六:谦谦君子,用涉大川,吉。《象》曰:“谦谦君子”,卑以自牧也。

六二：鸣谦，贞吉。《象》曰："鸣谦，贞吉"，中心得也。

九三：劳谦，君子有终，吉。《象》曰："劳谦君子"，万民服也。

六四：无不利，㧑谦[2]。《象》曰："无不利，㧑谦"，不违则也。

## 注释

❶ 裒（póu），这里是取去的意思。李鼎祚《集解》本作"捊"，引虞翻注："取也。"据《周易音义》，可知作"捊"的本子不少。裒多益寡，减（取）有余而补不足。称（chèng）物平施，量物件多少，平均施与的意思。

❷ 㧑，《说文》："一曰手指㧑也。"段注："㧑谦者，溥散其谦，无所往而不用谦。"朱熹说："㧑谦，言发扬其谦。"都说得对。

## 原文

六五：不富以其邻，利用侵伐[3]，无不利。《象》曰："利用侵伐"，征不服也。

上六：鸣谦，利用行师，征（邑）国。[4]《象》曰："鸣谦"，志未得也，可用行师征（邑）国也。

## 注释

❸ "不富以其邻"：《泰卦》六四有相同的话，意思应该一致。（"不富"，富借作福。不福，就是有祸。依虞翻注：以，及。）这样讲，"不富以其邻"就是祸及其邻了。《周易音义》：侵，"王廙作寝"。按：作"寝"字是否妥当？侵伐他国或他人，还有什么谦可言呢？倘若用"寝"字，那么，"利用寝伐"就可以不是侵略他国（"征邑国"）的意思了。《广雅·释言》："寝，偃也。"《汉书·礼乐志》"汉典寝而不著"，注："寝，息也。"寝伐就是制止杀伐之事，这当然没有什么不好。这里问题在于：如果是"寝伐"，那么，与上句"不富以其邻"（祸及其邻）如何衔接呢？如果是"侵伐"，那自然就是祸及其邻了。看来这里假"侵"为"寝"反而讲不通，

这就不烦改字了。《朱子语类》卷七十:“盖自初六积到六五、上六,谦亦极矣,自宜人人服之。尚更不服,则非人矣,故‘利用侵伐’也。”这样讲,可以讲通《谦·六五》原文了。船山先生这里采用了朱子的讲法。

❹《谦卦》上六爻辞,竹书《周易》作“鸣谦,可用行师,征邦”。《释文》:“本或作‘征邑国’者非。”今据删“邑”字。按:竹书《周易》这里可以作校勘的根据。

# 豫

## 导读

孔疏:“谓之豫者,取逸豫之义。以和顺而动,动不违众,众皆说豫,故谓之豫也。”孔疏取逸豫、说豫之义。我们认为“豫”还有豫(预)备之义。彖辞称赞“《豫》之时义大矣哉”,因为如《中庸》所说:“凡事豫则立,不豫则废。”

## 原文

䷏坤下震上　豫:利建侯、行师。

《彖》曰:《豫》,刚应而志行,顺以动,豫。豫顺以动,故天地如之,而况建侯、行师乎?天地以顺动,故日月不过而四时不忒。圣人以顺动,则刑罚清而民服。《豫》之时义大矣哉!

《象》曰:雷出地奋,豫。先王以作乐崇德,殷荐之上帝以配祖考。[1]

初六:鸣豫,凶。《象》曰:初六“鸣豫”,志穷凶也。

六二:介于石,不终日,贞吉。《象》曰:“不终日,贞吉”,以中正也。

六三:盱豫,悔。[2]迟,有悔。《象》曰:盱豫有悔,位不当也。

## 注释

❶《豫卦》由坤下震上组成,坤是地,震是雷。《大象》"雷出地奋豫"的读法有二。前三字作一句,后两字作一句读,《集解》引崔憬读如此,闻一多先生从之。朱熹读"雷出地奋"为一句,"豫"一个字单独成句。考《周易》全书《大象》通例,我们认为朱子读法可从。"奋豫",闻一多先生的解说是:"奋者振也,奋豫犹振象,谓乐容也。"(见《周易义证类纂》)我们既不赞成读"奋豫"为一句,当然也不赞成这种解说。"雷出地奋,豫":雷出而地动,要预防,这就是《豫卦》所附《大象》前两句的意思。《大象》下文,孔颖达等疏:"雷是鼓动,故先王法此鼓动而作乐,崇盛德业……'殷荐之上帝'者,用此殷盛之乐荐祭上帝也……'以配祖考'者,谓以祖考配上帝。"这样解释,符合原文的本意。这里问题在于《豫卦》诸爻辞及其整体未必具备《大象》的意思。

❷《豫卦》六三爻辞前三字,竹书《周易》作"可佘,悬"。整理者说"可"读为"阿","佘"字同"余"。莫非"可佘"就是阿谀?

## 原文

九四:由豫,大有得。勿疑,朋盍簪。❸《象》曰:"由豫,大有得",志大行也。

六五:贞疾恒不死。《象》曰:六五"贞疾",乘刚也。"恒不死",中未亡也。

上六:冥豫,成有渝,无咎。❹《象》曰:冥豫在上,何可长也?

## 注释

❸"由豫"句绝,以与前文"鸣豫""盱豫"、后文"冥豫"相对。李镜池先生认为"由豫"就是"犹豫",其说有据。《周易音义》:"由豫:由……马作犹,云:犹豫也。"今从之。有时"犹豫"可以避免急躁武断,反而"大有得"。但是对于"朋盍簪"用不着怀疑。王

辅嗣注:“夫不信于物,物亦疑焉,故勿疑则朋合疾也。盍,合也。簪,疾也。”《周易音义》、孔颖达等疏有相同的解说。这里问题在于:“朋”是物,还是人呢?簪,《集解》本作戠,引虞注:“戠,聚会也。”或作撍,作臧,作宗,皆与“簪”声同义通。《集解》引侯果、虞翻注,依卦爻之象,说《豫》有众阴所宗,我们认为就这一点而言,也是对的。

❹ 孔疏:“极豫尽乐乃至于冥昧之豫而成就也,如俾昼作夜,不能休已……渝,变也。若能自思改变,不为冥豫,乃得无咎也。”这样讲,应已道出原意。

# 随

## 导读

王辅嗣注:“随之所施,唯在于时也。时异而不随,否之道也。”做任何事情,都应该随时势环境而决策,《随卦》讲的就是这样一个重要道理。据李镜池先生的意见,《随卦》讲的道理,是通过贩卖奴隶、处理战俘的事件表述的。

## 原文

䷐震下兑上　随:元亨,利贞。无咎。

《彖》曰:《随》,刚来而下柔,动而说,随。大亨,〔利〕贞,无咎,而天下随(时)〔之〕,《随》(时)之〔时〕[1]义大矣哉!

《象》曰:泽中有雷,随;君子以向晦入宴息。[2]

初九:官有渝,贞吉。出门交有功。《象》曰:“官有渝”,从正吉也。“出门交有功”,不失也。

六二:系小子,失丈夫。《象》曰:“系小子”,弗兼与也。

六三:系丈夫,失小子。随有求,得。利居贞。《象》曰:“系丈夫”，志舍下也。

注释

❶ 据陆德明《周易音义》、朱熹《周易本义》、阮元等《校勘记》以及《周易》文例校正。

❷《经义述闻》卷二：“宴之言安，非谓宴寝也。”这样讲，与本卦原义相合。

原文

九四：随有获，贞凶。有孚在道，以明，何咎？[3]《象》曰：“随有获”，其义凶也。“有孚在道”，明功也。

九五：孚于嘉，吉。《象》曰：“孚于嘉，吉”，位正中也。

上六：拘系之，乃从维之，王用亨于西山。[4]《象》曰：“拘系之”，上穷也。

注释

❸ 宋祚胤先生《周易注译》说这里“道”字当属下句读。今按：若“孚”作“诚信”讲，“道”可属下句读。看上下文“系小子”“系丈夫”“有获”“拘系之”一类词句，这个“孚”应依李镜池先生解说为“俘”，然则“有孚在道”句读自不误。闻一多先生说：“余谓《随》九四‘以明何咎’，明亦当读为盟，以读为已，言已祭则无咎也。”（《周易义证类纂》）我们认为明读为盟，以读为已，其说甚是，可是“盟”不必训为“祭”。有俘在道，押送者与俘结约，许其不死，但不许其逃跑（譬如秦朝就有相类似的事情，《史记·陈涉世家》所谓“失期皆斩”，不失期则可不死），这样就可以避免路途上出事，何咎之有？

❹“王用亨于西山”的“亨”，《周易音义》：“陆许两反，云：祭也。”这样解说“亨”字音义，很准确。这个“王”应该是周王，用俘虏做人牲，在西山（有可能是岐山）祭祀周室先公先王。统治者背弃盟

约的事,也是常有而不足为怪的。(《随卦》初九“官有渝”,官可能就是押解奴隶、犯人或俘虏的官。“有渝”,就是有变化,变换手段。)王辅嗣注、孔颖达等人疏,解释这一句用“亨,通也”的说法,殊误。王船山《周易内传》卷二上也将“亨”读为“享”。《周易稗疏》卷一“王用亨于西山”条认为这个“王”非周文王,这个“山”非岐山。这位先哲的意见值得注意。我们认为:无论何王何山,都不妨碍《随卦·上六》字面意思的理解。

# 蛊

## 导读

蛊读 gǔ。王伯申《经义述闻》卷一考证“蛊训为事”,“蛊事犹故事也”,闻一多先生《周易义证类纂》赓之。闻先生认为初六爻辞“干父之蛊”、九二爻辞“干母之蛊”的意思,“谓习行父若母之故事也”;六四“裕父之蛊”,裕读如衮,与干(gàn)音近,也是习行的意思。《彖传》“先甲三日,后甲三日”,以及《巽卦》九五爻辞“先庚三日,后庚三日”,《经义述闻》卷一有论证。我们没有异议,今并从之。这一类情况,我们认为没有必要随时说明。

## 原文

䷑巽下艮上　蛊:元亨,利涉大川。先甲三日,后甲三日。❶

《彖》曰:《蛊》,刚上而柔下,巽而止,蛊。《蛊》“元亨”,而天下治也。“利涉大川”,往有事也。“先甲三日,后甲三日”,终则有始,天行也。

《象》曰:山下有风,蛊;君子以振民育德。❷

## 注释

❶ 孔疏引述郑义:“甲者造作新令之日。甲前三日,取改过自新,故

用辛也。甲后三日,取丁宁之义,故用丁也。"王伯申《经义述闻》卷一:"先甲三日,后甲三日……皆行事之吉日也……故蛊用先后甲之辛与丁。"今按:古人择日行事,已成习惯。

❷ "振民育德",把德育与振兴(或救济)民众联系在一起,《周易·蛊卦》的象辞要算是比较早的文字记载。

## 原文

初六:干父之蛊,有子考,无咎。❸厉,终吉。《象》曰:"干父之蛊",意承考也。

九二:干母之蛊,不可贞。《象》曰:"干母之蛊",得中道也。

九三:干父之蛊,小有悔,无大咎。《象》曰:"干父之蛊",终无咎也。

六四:裕父之蛊,往,见吝。《象》曰:"裕父之蛊",往未得也。

六五:干父之蛊,用誉。《象》曰:"干父","用誉",承以德也。

上九:不事王侯,高尚其事〔,凶〕❹。《象》曰:"不事王侯",志可则也。❺

## 注释

❸ 王辅嗣注:"以柔巽之质干父之事,能承先轨堪其任者也,故曰有子也。任为事首能堪其事,考乃无咎也。"孔颖达等疏论证"父在称考",目的在于证成上引王注。依注疏,这里就应该读作"有子,考无咎"。但是我们这里没有依注疏断句,理由是:遍查《周易》,并无"某无咎"之例。闻一多先生读"考"从上句,并采纳于省吾先生的说法,"读考为孝",这可真是"至确"了。

❹ "凶"字据马王堆出土帛书《周易》补入。竹书《周易》残缺,不知有此"凶"字否。历来有"不事王侯"而又"高尚其事"的人。这些人固有高风亮节,但是难得有不遭凶的。或者穷困一生,或者见嫉遇害,其例至夥。

❺ “可则”，可以效法的意思。（孔疏：“可法则也。”）鼓吹“不事王侯”，赞美“不事王侯”之人之志，实与道家隐士思想相类（或者说是合流）。《蛊卦》上九爻辞以及《象传》宣扬的志向在当时实难能可贵，尤其在明知其“凶”的形势面前更是如此。

# 临

## 导读

《序卦》：“临者大也。”孔疏：“以阳之浸长，其德壮大，可以监临于下，故曰临也。”朱熹说：“凡相逼近者皆为临也。”只是“临”（相逼近）的方式不同而已。古人讲究临人之道，也就是讲究南面之术（或者说包含此术），读《临卦》可以了解一二。

## 原文

䷒兑下坤上　临：元亨，利贞。至于八月，有凶。❶

《彖》曰：《临》，刚浸而长，说而顺，刚中而应，大亨以正，天之道也。“至于八月，有凶”，消不久也。

《象》曰：泽上有地，临；君子以教，思无穷，容保民无疆。❷

## 注释

❶ 小戴辑《礼记·玉藻》有“至于八月不雨，君不举”句。《临卦》辞说“至于八月，有凶”。两处“八月”都指周之八月。作《易》者也认为《临卦》这里有凶事。

❷ 上文《彖传》所谓“刚中”，这里《象传》所谓“君子”，都是指九二而言。《象传》的“保民”思想，与《孟子·梁惠王上》“齐桓晋文之事”章“保民而王”的思想意义相同，而前者未必早于后者。但若《彖传》《象传》可信为孔子或其门人所作，那就早于《孟子》而无可疑了。

## 原文

初九：咸临，贞吉。《象》曰："咸临，贞吉"，志行正也。

九二：咸临，吉，无不利。《象》曰："咸临，吉，无不利"，未顺命也。

六三：甘临，无攸利。既忧之，无咎。《象》曰："甘临"，位不当也。"既忧之"，咎不长也。

六四：至临，无咎。《象》曰："至临，无咎"，位当也。

六五：知临，大君之宜，吉。《象》曰："大君之宜"，行中之谓也。

上六：敦临❸，吉，无咎。《象》曰："敦临"之吉，志在内也。❹

## 注释

❸ 临，有靠近的意思，还有降临、居高临下的意思。初九、九二的"咸临"，王辅嗣注："咸，感也。感，应也。有应于四，感以临者也。""有应在五，感以临者也。"六三"甘临"，王注说是"以邪说临物"，孔疏："谓甘美谄佞也。"我们认为"甘临"的意思因人而异，未必是"邪说"。六四"至临"，六五"知临"，闻一多先生疑其与"敦临"意同，他的意见可供参考。我们的看法："知临"为"大君之宜"，而"至""知""敦"为一声之转，"至临""敦临"也该是"大君之宜"。大者，高大尊贵之意。然而至临、知临、敦临三者仍应有区别。王辅嗣注"敦临"说："处坤之极以敦而临者也。"这是据爻位而言，意即孔疏所谓"上六处坤之上，敦厚而为临"，可见这里王注自有理由。总之，《临卦》诸"临"如果仅仅就被统治者或下属而言，不能不让人产生一种受压迫的感觉，只是程度有深浅罢了。周王君临天下，春秋以前还是有威力的，其威力之大与时俱降。李镜池先生《周易通义》认为"辞同义异之例在《周易》中甚多"，譬如《临卦》诸"临"有用词相同而意思不必相同者，那就有赖于治《易》者细加辨别了。

❹ 就本卦《小象》而言，初九之"志行正"，上六之"志在内"，六三之

"位不当",六四之"位当",九二之"未顺命",都是观察爻位的结果。六五"行中之谓也",《集解》引荀爽说:"五者帝位,大君谓二也……二者处中,行升居五,五亦处中,故曰行中之谓也。"还是据爻位而言。由此推论《泰卦·九二》所谓"中行",也应该与爻位有关。

# 观

## 导读

格物致知,"观"为第一要紧事。《观卦》讲的是观什么,如何观,都是从政治、礼制、社会人生出发的。孔疏:"观者,王者道德之美而可观也。"但这只是"观"的重要内容中的一个大项目,并非全部。"观天之神道","省方观民设教","观国之光",视野不可谓不大。至于"观我生""观其生",内容又是何等丰富!"童观"这个项目虽小,可是也不容忽视。在世界各国的古代文献中,最早重视"童观"的,可能非《周易》莫属。

## 原文

䷓坤下巽上　观:盥而不荐,有孚颙若。❶

《彖》曰:大观在上,顺而巽,中正以观天下。《观》"盥而不荐,有孚颙若",下观而化也。观天之神道而四时不忒,圣人以神道设教而天下服矣。❷

## 注释

❶ 王辅嗣注:"王道之可观者,莫盛乎宗庙。宗庙之可观者,莫盛于盥也。至荐简略不足复观,故观盥而不观荐也。"王注下引孔子的话,说"禘自既灌而往者吾不欲观之矣"。按:孔子这个话见于《论语·八佾》。前贤多以为盥、灌与裸可以相通,譬如王辅嗣注、孔颖达等疏显然是这样看的。其实盥与灌分别为祭典中的一

个礼仪，祼则包含灌在内的祭祀仪注，何可混同？孔疏："荐者，谓既灌之后陈荐笾豆之事。"可见荐是另一项仪注。王注将"观"这个卦名与卦辞连读，这在《周易》全经中也是少见的。"有孚颙若"，颙读 yóng。李鼎祚《集解》引马融的话："以下观上，见其至盛之礼，万民信敬"，"孚，信；颙，敬也"。

❷ 神道，依王注，应当是"以观感化物者"。不用行为或言语，甚至言行两者都不用，而能够使下民百姓自然信服效化，这种威德，就是所谓"神道"。"以神道设教而天下服"，这种讲法见于古籍，《周易·观卦》是比较早的。

## 原文

《象》曰：风行地上，观；先王以省方观民设教。[3]

初六：童观，小人无咎，君子吝。《象》曰：初六"童观"，小人道也。

六二：窥观，利女贞。《象》曰："窥观〔利〕[4]女贞"，亦可丑也。

六三：观我生，进退。《象》曰："观我生，进退"，未失道也。

六四：观国之光，利用宾于王。《象》曰："观国之光"，尚宾也。

九五：观我生，君子无咎。《象》曰："观我生"，观民也。

上九：观其生，君子无咎[5]。《象》曰："观其生"，志未平也。

## 注释

❸ "以省方观民设教"，就是孔颖达等疏说的"以省视万方，观看民之风俗，以设于教"。能省视万方者非王（天子）莫属。按："省方"就是古代天子所行巡视天下的大礼。把"省方"与"观民设教"联系起来讲，《周易·观卦》可能是最早的记载。

❹ 依阮元等《校勘记》补"利"字，与上下文例合。

❺ 《周易音义》："童观，马云：童犹独也。郑云：稚也。"按："童观"得到的见解很有可能显得幼稚。窥观，所见必不广不远，也很有可

能不全面不明白。能够说“观我生”“观国之光”“观其生”的人，应该是大人君子。通过观察，能够定进退，能够“利用宾于王”，能够“无咎”的，肯定不是凡夫俗子。朱熹说：“‘观其’亦是自观，却从别人说。《易》中‘其’字不说别人，只是自家，如‘乘其墉’之类。”这样说也有道理。

# 噬嗑

## 导读

噬(shì)，《周易音义》：“啮也。”就是“咬”的意思。嗑(hé)，《周易音义》：“合也。”本卦彖辞：“颐中有物，曰噬嗑。”李镜池先生说：噬嗑“和现代汉语‘吃喝’音义均近”，这样解释不但基本准确，而且颇为生动形象。可是李先生认为《噬嗑》“全卦讲饮食及跟饮食有关的事”，未免不妥，容易造成误会。宋祚胤先生的论断：“从本卦卦爻辞看，特别是从标明一卦之义的卦辞看，明明白白地是说卦是讲治狱，于是噬嗑就成了治狱的比喻。”我们这里赞成宋先生的意见。

## 原文

䷔震下离上　噬嗑：亨，利用狱。

《彖》曰：颐中有物，曰噬嗑。噬嗑而亨，刚柔分动而明，雷电合而章，柔得中而上行。虽不当位，利用狱也。

《象》曰：“雷电”“噬嗑”，先王以明罚敕法。❶

初九：屦校灭趾❷，无咎。《象》曰：“屦校灭趾”，不行也。

六二：噬肤灭鼻❸，无咎。《象》曰：“噬肤灭鼻”，乘刚也。

六三：噬腊肉，遇毒，小吝，无咎。《象》曰：“遇毒”，位不当也。

## 注释

❶ 雷电是就其卦象而言。《噬嗑卦》由震下离上组成。《说卦》：“震

为雷”,“离为电”。“敕法”,《周易音义》引郑君说:“敕犹理也。一云整也。”周朝已经注意整理法律,《尚书·吕刑》可为明证。

❷ 孔颖达等疏:“屦谓著而履践也。校谓所施之械也。”趾本指足趾,这里指代双足。《荀子·臣道》:“暗主妒贤畏能而灭其功。”杨注:“灭,掩没也。”按:“灭”“没”声近义通。屦校灭趾,意思是:鞋子上拖着的木械掩没了双脚。

❸ 李鼎祚《集解》引虞翻注:“噬,食也。”《周易音义》引马融注:“柔脆肥美曰肤。”按:噬肤灭鼻,意思是撕咬肥美的肉块,把鼻子也遮盖了。

## 原文

九四:噬干胏,得金矢。利艰贞,吉。《象》曰:“利艰贞,吉”,未光也。

六五:噬干肉,得黄金[4]。贞厉,无咎。《象》曰:“贞厉,无咎”,得当也。

上九:何校灭耳[5],凶。《象》曰:“何校灭耳”,聪不明也。

## 注释

❹ “噬干肉,得黄金”,与九四爻辞“噬干胏,得金矢”意思大体一致。胏(zǐ),《音义》引马融注:“有骨谓之胏。”李氏《集解》引陆绩注:“肉有骨谓之胏。”所谓干胏,就是干肉(腊肉)中有骨头。干肉中有黄金,其实也就是干肉中留有铜箭镞(所谓“金矢”)。这里“黄金”(“金矢”)何以与治狱之事相关,王荆公(安石)与朱文公(熹)用《周礼·秋官·大司寇》“钧金”之说作解释。看《周礼》经文以及贾疏与孙诒让先生大著《周礼正义》卷六十六,看正史中治狱的有关记录,我们认为其说可信。船山先生《周易稗疏》卷一“得金矢”条斥朱子之误,那是因为他坚信《周易》“经中爻辞俱与《象》通,周公祖述文王之旨也”,所谓“法所宜受”,不应有行

贿受贿之事，他把《周易》反映的社会设想得太美好了。我们这里应该说：船山先生误，朱子不误，荆公不误。

❺ 据《释文》，"何"，一作"荷"。《说文》："校，木囚也。"段注："何校，若今犯人带枷也。"带的枷把耳朵掩没了，就是所谓"何校灭耳"。

# 贲

## 导读

《音义》列举这个字的四种读音，而意思只有两项：一是"文章貌"，与古"斑"字同；二是"有文饰之貌"。这两项意思其实很相近，甚至可以说相同。我们认为这里可以读 bì，而文饰应是这个卦的主体意思。古人早有"贲其趾"（初九爻辞）、"贲其须"（六二爻辞）者，早有迎婚而装饰打扮入其时者（六四爻辞），甚至留下了有关"贲于丘园"（六五爻辞）的创举的记载。学术界已有将《周易》与美学联系起来研究的著作，想必已经注意到《贲卦》包含的美学思想。

## 原文

䷕离下艮上　贲：亨，小利有攸往。

《彖》曰：《贲》"亨"，柔来而文刚，故亨；分刚上而文柔，故小利有攸往：天文也。文明以止，人文也。观乎天文以察时变，观乎人文以化成天下。❶

《象》曰：山下有火，贲；君子以明庶政，无敢折狱。

## 注释

❶ "人文"见于先秦古籍，《周易·贲卦》的《彖辞》应为较早者。李氏《集解》引干宝注："四时之变县乎日月，圣人之化成乎文章。观日月而要其会通，观文明而化成天下。"所谓人文，就是

人类社会的文明成就。这些成就,由人类社会的各种文化现象反映出来。

## 原文

初九:贲其趾,舍车而徒。《象》曰:“舍车而徒”,义弗乘也。

六二:贲其须。《象》曰:“贲其须”,与上兴也。

九三:贲如濡如,永贞,吉。《象》曰:“永贞”之吉,终莫之陵也。

六四:贲如皤如,白马翰如,匪寇,婚媾。《象》曰:六四,当位疑也。“匪寇,婚媾”,终无尤也。

六五:贲于丘园,束帛戋戋。吝,终吉。[2]《象》曰:六五之吉,有喜也。

上九:白贲[3],无咎。《象》曰:“白贲,无咎”,上得志也。

## 注释

❷ 戋(jiān)戋,小,少,浅小之意。关于《贲卦》六五爻辞,王辅嗣注:“处得尊位,为饰之主,饰之盛者也。施饰于物,其道害也。施饰丘园,盛莫大焉。”孔疏:“丘园是质素之处。六五处得尊位,为饰之主。若能施饰在于质素之处,不华侈费用,则所束之帛戋戋众多也。‘吝,终吉’者,初时俭约,故是其吝也;必俭约之吝,乃得终吉而有喜也。”注疏看重素质之道,担心此道陨落,认为“若施设华饰在于舆服宫馆之物,则大道损害也”;基于这样的认识,自然也不致主张“施饰丘园”。因为“不华侈费用”,所以本来不多的束帛反而显得众多了。朱熹说:“戋戋者,浅小之意。”“当贲饰华盛之时,而安于丘园朴陋之事,其道虽可吝,而终则有吉也。”尚俭,敦本务实,也是中华民族美德。但若一味强调“素质之道”,强调朴实无华,就有可能满足不了已经或将要提高的社会精神文明与物质文明享受的需要,未必总是妥当。

❸ 依王辅嗣注,“白贲”是“以白为饰”。孔疏与辅嗣注完全相同,强

调“在其质素,不劳文饰”。船山先生说“不受物之责”,“率其诚素”,与上引注疏义同。我们认为这样讲较好。

# 剥

## 导读

关于“剥”的解说不一。《集解》引荀爽的说法:“谓阴外变五。五者至尊,为阴所变,故曰剥也。”《集解》引卢氏说:“此本《乾卦》,群阴剥阳,故名为剥也。”孔疏:“剥者,剥落也。今阴长变刚,刚阳剥落,故称剥也。”诸说都注意到本卦阴爻五与阳爻一的关系,都联系到“剥”字的本义。

## 原文

䷖坤下艮上　剥:不利有攸往。

《彖》曰:《剥》,剥也,柔变刚也。“不利有攸往”,小人长也。顺而止之,观象也。君子尚消息盈虚,天行也。

《象》曰:(出)〔山〕附于地,剥;上以厚下安宅。

初六:剥床以足。蔑贞,凶。《象》曰:“剥床以足”,以灭下也。

六二:剥床以辨。蔑贞,凶。[1]《象》曰:“剥床以辨”,未有与也。

六三:剥之,无咎。《象》曰:“剥之,无咎”,失上下也。

六四:剥床以肤[2],凶。《象》曰:“剥床以肤”,切近灾也。

## 注释

❶ “剥”的意思,孔疏说:“剥者,剥落也。”《音义》引马注:“落也。”《说文》:“裂也。”按:《诗·豳风·七月》“八月剥枣”,毛传说这个“剥”的意思是“击也”。《易·剥》之“剥”,如何解释,要看具体情况决定。总不能说“剥床”是把床一层层地剥落吧,这里“剥”还是解释为“击”好。以,就是“及”的意思,见王伯申《释词》卷一。“辨”,王伯申《经义述闻》卷一证明当读为蹁(pián),

“骗,盖髌之转声”,就是膝头。蔑,《音义》:“犹削也。楚俗有削蔑之言。马云:‘无也。’郑云:‘轻慢。’荀作灭。”这几个讲法意思有相近之处。孔疏:“削除中正之道,故凶也。”这样讲,应该可备一说。

❷ “剥床以肤”,肤自是人身皮肉。《音义》:“京作簠,谓祭器。”按:从知京房《易》这一句作“剥床以簠”,以其与《剥卦》初六、六二爻辞不类,不可从。

## 原文

六五:贯鱼,以宫人宠,无不利。❸《象》曰:“以宫人宠”,终无尤也。

上九:硕果不食,君子得舆,小人剥庐。《象》曰:“君子得舆”,民所载也。“小人剥庐”,终不可用也。❹

## 注释

❸ 《剥卦》由坤下艮上组成,除了上九,都是阴爻,所以六五爻辞有这样的话。李氏《集解》引何妥的说法:“夫《剥》之为卦,下比五阴,骈头相次,似贯鱼也。鱼为阴物,以喻众阴也。夫宫人者,后夫人、嫔、妾各有次序,不相渎乱……六五既为众阴之主,能有贯鱼之次第,故得‘无不利’矣。”这种说法与卦爻的含意相比附,可以讲通。

❹ 《剥卦》上九爻辞,与《诗·小雅·信南山》“中田有庐,疆埸有瓜,是剥是菹,献之皇祖”有相通的意思。君子与小人之分,这里很鲜明。小人种瓜,然而不得食硕果,不仅如此,连个茅草棚(庐)也不得住。“君子得舆”,把硕果运到自家去了。“民所载”,意思是说君子为民所养。这句话意味深长,与后世“水可载舟,亦可覆舟”相通,只是用词有区别,而舆(车)之与舟,实在是同一类的东西(都是交通、运载工具)。

# 复

## 导读

人类社会，大自然，免不了反复之事。《集解》引何妥的说法："复者归本之名。群阴剥阳至于几尽，一阳来下，故称反复。"朱熹和他的学生关于《复卦》多有讨论，议及《剥》《复》相因之理。朱子说："《剥》尽为《坤》，《复》则一阳生也。""处阴之极，乱者复治，往者复还，凶者复吉，危者复安，天地自然之运也。"这样讲，与何妥的意见一样，也符合本卦诸爻的构造；而所谓"天地自然之运"，更将本卦意蕴作了合理的发挥。船山先生《周易内传》："还归其故曰复。"他也说到"一阳初生"，但他对"利有攸往"的注意毕竟少了点。

## 原文

䷗震下坤上　复：亨。出入无疾，朋来无咎。反复其道，七日来复。利有攸往。

《彖》曰：《复》"亨"，刚反动而以顺行，是以出入无疾，朋来无咎。"反复其道，七日来复"，天行也。"利有攸往"，刚长也。《复》其见天地之心乎！❶

《象》曰：雷在地中，复；先王以至日闭关，商旅不行，后不省方。❷

## 注释

❶ 以上有三处应予注意。一是所谓"反复其道，七日来复"，辅嗣注与孔疏之外，李鼎祚有解说，他的《集解》还引录了虞翻与侯果两说。船山先生说："七者少阳之数。数极于六，不可复减，必上生至于七，而阳复萌也。"这样说，与虞注以及李鼎祚的解说相近。王伯申说："盖日之数十……过半则称七日……复为刚反，有去

而复来之象……则凡已去者可以来复，至多不过七日，故云‘七日来复’。”据伯申氏指出的全经之例，我们认为应该采用他的说法。二是所谓“反动”，三是所谓“天地之心”，皆自爻位探得。

❷ 孔疏：“言至日不但不可出行，亦不可省视事也。”按：“至日”，指夏至、冬至之日。“后”指君王。“不省方”，不可巡视诸方国。

## 原文

初九：不远复，无（衹）〔祇〕[3]悔，元吉。《象》曰：“不远”之复，以修身也。

六二：休复，吉。《象》曰：“休复”之吉，以下仁也。

六三：频复，厉，无咎。《象》曰：“频复”之厉，义无咎也。

六四：中行独复。[4]《象》曰：“中行独复”，以从道也。

六五：敦复，无悔。《象》曰：“敦复无悔”，中以自考也。

上六：迷复，凶，有灾眚。[5]用行师，终有大败，以其国君凶，至于十年不克征。[6]《象》曰：“迷复”之凶，反君道也。[7]

## 注释

❸ 王引之《经义述闻》以为这个字应从氏声，他说：“无祇悔者，无多悔也。”《周易音义》引韩伯注，将“祇”解释为“大”，也可以讲通。《音义》引郑注：“病也。”按：依郑注，字也不当作“衹”，因为“衹”无“病”训。然而无病无悔，才是所谓“元吉”，比“无多（大）悔”还要好。可见字作“祇”而义为病，也可以讲通。因为祇可读为疷。

❹ 这里又牵涉“中行”该作何解释的问题。前已提到：有学者认为中行是人名。于醴尊先生说中行是官名。以上两说，都把“中行”视为一人。这样讲，在《周易》若干卦爻的解说中可行，然而未见得都好。大多治《易》者就爻位而言。还有学者将“中行”径直作“中道”看（譬如李镜池先生）。我们认为应该按具体情况作相应的处理。

❺ 整个《复卦》,讲的是前进与走回头路的问题。“复”是走回头路,“往”是前进。该复则复,亨(通)。该往则往,“利有攸往”。“复”是为了“往”,走回头路是为了前进。初九爻辞“不远复”,回头路走得不远,所以即使走错了,也没有什么“大悔”(“祇悔”),王伯申的说法是对的。六二“休复,吉”,也有不走回头路是对的。六三“频复”,回头路走多了,反复地走,就不是好事了。但若及时总结经验,以后可以避免走回头路,这就“无咎”了。六四“中行独复”,半途一个人走回头路,也许“吉”,也许“厉”,也许“厉”后“无咎”。六五“敦复”而终归“无悔”,应如《象传》所说,那是“中以自考”的作用。上六“迷复”,走回头路而糊涂懵懂,那就肯定“有灾眚”,肯定不是好事而只是“凶”了。可不慎哉!

❻ 朱熹说:“凡言‘三年’‘十年’‘三岁’,皆是有个象,方说。若三岁,犹是有个期限;到十年,便是无说了。”所谓“无说了”,意思应该是没有指望,无话可说了。

❼《荀子》有《君道》篇,有《臣道》篇,所谓“君道”自是对“臣道”而言,指“明主之道”。贾谊《新书》也有一篇文章题为《君道》,说:“君国子民者,反求之己,而君道备矣。”刘向《说苑》也有题为《君道》的一篇文章,讨论“人君之道如何”。他如《韩非》之《主道》,《淮南》之《主术》,其实也在说“君道”。人君所行之道,与臣民休戚相关,古人早就注意到这个问题。《复卦·上六》所附《象传》实际上宣扬了忠君的道理。无数的历史事实是:如果没有遇到明君,要“反君道”,势必有“凶”。为君者若是有心做明主,考察那些敢于“反君道”的人,不可轻率啊!

# 无妄

## 导读

《周易音义》:“无妄,无虚妄也。《说文》云:‘妄,乱也。’马、郑、王肃皆云：'妄犹望。谓无所希望也。'"孔颖达等疏用前一说，将"无妄"解释为"无虚妄"。而闻一多先生《璞堂杂识》"无妄"条肯定的是《音义》后一说，即马、郑、王肃的说法，并且换一个讲法表达他自己的见解，以为"《易》卦'无妄'犹无福也"。窃谓从《无妄卦》爻辞的启示意义这个角度来看，仍应以《音义》前一说为常见。李镜池先生说本卦是关于行为修养之卦，他这个见解很有道理。

## 原文

䷘震下乾上　无妄：元亨，利贞。其匪正，有眚。不利有攸往。

《彖》曰：《无妄》，刚自外来而为主于内，动而健，刚中而应，大亨以正，天之命也。"其匪正，有眚，不利有攸往"，无妄之往，何之矣？天命不祐，行矣哉！❶

《象》曰：天下雷行物与，无妄；先王以茂对时，育万物。❷

## 注释

❶ 这里"行"是离开、逃去的意思。桓十六年《春秋左传》："寿子告之，使行。"杜注："行，去也。"杨伯峻先生注："行，犹逃走。"是其证。就《易·无妄》而言，既然"天命不祐"，那就只有走开，只有奔另一个方向了。可是上一句刚刚说了："何之矣？"往何处走呢？

❷ 《集解》引《九家易》："天下雷行，阳气普遍，无物不与，故曰物与也。"引侯果注："先王以茂养万物，乃对时而育矣。"王辅嗣注："茂，盛也。物皆不敢妄，然后万物乃得各全其性，对时育物，莫盛于斯也。"孔疏："对，当也。"这些注释都有可取之处。今按："先王以茂对时"，与《诗·周颂·般》"裒时之对"句意思应该相同。

## 原文

初九：无妄，往吉。《象》曰：无妄之往，得志也。

六二：不耕获，不菑畬，则利有攸往。《象》曰："不耕获"，未富也。

六三：无妄之灾，或系之牛，行人之得，邑人之灾。《象》曰：行人得牛，邑人灾也。

九四：可贞，无咎。《象》曰："可贞，无咎"，固有之也。

九五：无妄之疾，勿药有喜。《象》曰：无妄之药，不可试也。[3]

上九：无妄，行有眚？无攸利？[4]《象》曰：无妄之行，穷之灾也。

## 注释

[3] 《无妄卦》九五爻辞，竹书《周易》作"亡忘又疾，勿药又菜"，帛书《周易》作"无孟之疾，勿乐有喜"。按：孟亡同部，乐借为药。竹书整理者认为用菜也可治病，其说是。又，《论语·乡党》："康子馈药……曰：丘未达，不敢尝。"《易·无妄·九五》所附《象传》"无妄之药，不可试也"，意思正同。

[4] 上九爻辞"无妄，行"与初九爻辞"无妄，往"意思相同，可是为什么上九"有眚？无攸利"，而初九反而是"吉"呢？或据爻位加以解说，或以为上九爻辞有省略，或以为上九"有眚""无攸利"两句后面都应该用问号。在《易》言《易》，这里本当以据爻位加以解说为佳，然而相同的表现（作为）得到相反的结果，自不能令人无疑，那就只有效法用疑问号一法了。是否因为"无妄行"之行与"无妄往"之往有区别呢？宋祚胤先生将"行"解释为"将会，可能"，这就与"往"的意思不同了，可是宋先生也在"眚"后与"利"后用疑问号，因为只能这样。

# 大畜

## 导读

本卦与前面的《小畜卦》只有一爻之差（九五与六五不同）。注家多依卦爻之象解说《大畜》《小畜》之别，如孔疏："谓之《大畜》者……艮止在上，止而畜之，能畜止刚健，故曰《大畜》。""《小畜》则巽在乾上，以其巽顺，不能畜止乾之刚，故云《小畜》也。"今按：《大畜卦》所谓畜，偏重于畜牧业生产，其所畜大。卦辞、《彖传》认为本卦还有“养贤”的意思，其说是。

## 原文

䷙乾下艮上　大畜：利贞。不家食，吉。[1]利涉大川。

《彖》曰：《大畜》，刚健，笃实，辉光日新，其德刚上而尚贤，能止健，大正也。“不家食，吉”，养贤也。“利涉大川”，应乎天也。

《象》曰：天在山中，大畜；君子以多识前言往行以畜其德。[2]

## 注释

❶ 竹书《周易》作“不豙而飤，吉”。豙就是家，飤即食。《周易》孔疏：“已有大畜之资，当须养赡贤人，不使贤人在家自食，如此乃吉也。”此本《彖传》与王辅嗣说。竹书整理者也用这个说法。

❷ 天怎么会在山中呢？宋祚胤先生《周易注译》已指出“是山在天中”。至于“君子以多识前言往行以畜其德”的意思，从卦象卦辞看不出，而《象传》作者认为与《大畜卦》义并非无关。大畜其德，畜有培养、积蓄的意思，而“多识前言往行”，多学历史，多从历史吸取教益，恰好可以作大畜其德的重要途径，所以《象传》作者认为决非无关，而是大有关系。我们认为“畜德”是象辞对卦义的发挥，正如“尚贤”是彖辞的发挥一样。

## 原文

初九：有厉。利已。《象》曰：“有厉”，“利已”，不犯灾也。[3]

九二：舆说輹。《象》曰：“舆说輹”，中无尤也。

九三：良马逐，利艰贞。（曰）〔日〕[4]闲舆卫，利有攸往。《象》曰：“利有攸往”，上合志也。

六四：童牛之牿，元吉。[5]《象》曰：六四“元吉”，有喜也。

## 注释

❸ 据阮元等《校勘记》,“利”下一字,石经作“巳”。今知竹书《周易》与帛书《周易》此字皆作“巳”。正因为此,我们赞成李镜池先生的说法:“巳,借为祀。有危急的事发生,古人必祭祀。”这样讲,符合古人的思想观念。阮元等据《释文》“音纪”一说,谓字当作“已”。我们认为这里唯有作“巳”借为“祀”一说才是对的,作“已”作“己”都不对。“有厉”,“利已”“利己”都讲不通。

❹ 曰为日之形讹,据李鼎祚《周易集解》、朱熹《周易本义》改。

❺ 《音义》:“童牛,无角牛也。”又引陆绩注:“牿当作角。”按,李氏《集解》引侯果注,也说“童牛,无角之牛也”。童牛即使生出了一点点角尖,也不足以伤人伤物(包括它的同类),所以大吉。杨向奎先生说:“童牛之牿”应当是“童牛之特”,特之本义为牡牛(《玉篇》),“牿”字误。“‘童牛之牿’,即‘小牛中的牡牛’,这是珍贵的财产,是大吉的豫兆”,所以说“元吉”。[①] 以上两说比较,应以杨先生说义长,因为其时人们对财产的关心胜过对伤人伤物的重视,何况童牛总是要成长,牛角迟早会长出来,怎么能把童牛之角看作“元吉”呢。

## 原文

六五:豮豕之牙,吉。❻《象》曰:六五之吉,有庆也。

上九:何天之衢,亨。《象》曰:“何天之衢”,道大行也。❼

## 注释

❻ 豮(fén),本指雄性的牲畜。《音义》引刘氏注:“豕去势曰豮。”孔疏的讲法有异议,说:“褚氏云:‘豮,除也。除其牙也。’然豮之为

---

① 见杨向奎先生《释“童牛之牿”“豮豕之牙”》(收入中华书局 1963 年版《文史》第二辑)。

除,《尔雅》无训。案《尔雅》云:'坟,大防。'则坟是堤防之义。此'豶其牙',谓防止其牙。古字假借,虽豕旁土边之异,其义亦通。"今按:除其牙,未必能防止其豕突之害。《音义》说:牙,"郑读为互"。李镜池先生已言及这个"牙"为桓之借。豕而加桓以防其妨害,这就能解决问题。又,用刘氏的说法,既然豶是去势之豕,性情应该不再狂暴,也就"吉"而无害了,这样也讲得通。杨向奎先生说:"'豶豕之牙'实亦'幼豕中的牡猪','牙'有牡意,古人多知之,而清代训诂大师反而遗忘……现代方言尚谓牡猪曰牙猪,牡狗曰牙狗。"按:牡猪也属于上古先民珍视的财产,所以说"吉"。这样说更好。

❼ 王辅嗣注:"何,辞也。犹云何畜乃天之衢亨也?"[①]孔疏也说这里"何"是语辞。实际上,注疏皆视"何"为疑问代词。《朱子语类》:"或如伊川说,衍一'何'字,亦不可知。"按:盖上九爻辞以为大畜之道如天衢之亨通,所以才这样说。于醴尊先生主张读"何"为"閜",则"閜天之衢"是大开天之衢路的意思。这样讲,似胜旧说。

# 颐

## 导读

《序卦》:"颐者,养也。"《集解》引郑氏注:"颐,口车辅之名也。震动于下,艮止于上,口车动而上因辅嚼物以养人,故谓之颐。颐,养也。"又引宋衷注:"颐者,所由饮食自养也。"孔疏:"此卦之意,欲使所养得也,不欲所养失也。"可见《颐卦》意义之大。其实,经书提出并试图作答的社会问题很多,提出"自养"与"所养"这一重大问题并试图作答的经书也不仅仅是《周易》。譬如:《尚书·洪范》所谓"八政","一曰食"。《诗·天保》:

① 《集解》引辅嗣此注,"亨也"作"亨道大行也",孔疏引辅嗣注脱"道大行"三字。

"民之质矣,日用饮食。"《四牡》所谓"将父""将母",也就表达了赡养父母的思想。《周易·颐卦》所附《彖传》明确地提出了"养正则吉"的思想观点,这是很可珍贵的。

## 原文

䷚震下艮上　颐:贞吉。观颐,自求口实。❶

《彖》曰:《颐》"贞吉",养正则吉也。❷"观颐",观其所养也。"自求口实",观其自养也。天地养万物,圣人养贤以及万民,《颐》之时大矣哉!

《象》曰:山下有雷,颐;君子以慎言语,节饮食。❸

## 注释

❶ "自求口实",就是自己找食物,自己养活自己,自力更生,而不肯做寄生虫。这就是《彖传》说的"养正"的一个重要方面,即自养以正。

❷ "养正",有两个方面的意思:一是自养以正,自己用正当的手段养活自己与家人;二是圣人养贤以及万民以正,引导国家用正当的方式发展国民经济,教导国民用正当的方式维持生活,提高生活水平。事关国计民生,其重要可知。

❸ "慎言语,节饮食",是重视责任、热爱生命的表现。素来有"祸从口出,病从口入"的箴言。"祸从口出",所以要"慎言语"。"病从口入",所以要"节饮食"。没有责任心,不肯或者说不懂珍爱生命的人,才一味胡说与贪吃。

## 原文

初九:舍尔灵龟,观我朵颐,凶。《象》曰:"观我朵颐",亦不足贵也。

六二:颠颐,拂经于丘颐。征,凶。《象》曰:六二"征凶",行失类也。

六三:拂颐,贞凶。十年勿用,无攸利。《象》曰:“十年勿用”,道大悖也。[4]

六四:颠颐,吉。虎视眈眈,其欲逐逐,无咎。《象》曰:“颠颐”之吉,上施光也。

六五:拂经,居贞吉。不可涉大川。《象》曰:“居贞”之吉,顺以从上也。

上九:由颐,厉,吉。[5]利涉大川。《象》曰:“由颐,厉,吉”,大有庆也。

## 注释

[4] 《复卦·上六》“至于十年不克征”,朱熹说:“到十年,便是无说了。”这里《颐卦·六三》说“十年勿用,无攸利”,恐怕也是迷而不复,没有指望了。

[5] 舍自家灵龟,观人家朵颐,不是解决衣食问题的有效办法。王辅嗣注:“朵颐者,嚼也。”“养下曰颠。拂,违也。经,犹义也。丘,所履之常也。处下体之中,无应于上,反而养初;居下不奉上,而反养下:故曰‘颠颐,拂经于丘’也。”今按:六二爻辞的句读,辅嗣注未必妥当,我们采用朱熹的读法。六二“颠颐”与六三“拂颐”,都是想解决生活问题而又违背常道的行为。六四爻辞“其欲逐逐”,王辅嗣注:“尚敦实也。”孔疏:“六二‘颠颐’则为凶,六四‘颠颐’得为吉者:六二身处下体,而又下养,所以凶也;六四身处上体,又应于初,阴而应阳,又能威严寡欲,所以吉也。”闻一多先生有不同说法,他的解释是:“《易》言‘颠颐’为壮年之象决矣……‘颠颐,拂经于丘颐,征凶’,《子夏传》拂作弗,《集解》征作贞,均是……犹言历年弗至于老寿,故曰‘贞凶’。六二颠颐凶而六四颠颐吉者,颠颐对丘颐言,谓但及壮龄,不登大寿,故凶,若单言颠颐,则壮盛之年,血气充盈,如日方中,故仍为吉。”我们的看法,王注孔疏据诸爻位置立论,自有理由。闻先生由训诂入手,亦

非想当然。应该说他们对六二、六四爻辞的解释,都能自成一家之言,义各有当。上九爻辞"由颐,厉,吉",注家多解说为遵循颐养之正道,虽有暂时困难,但最终会是"吉"。这样可以讲通。由此可以回顾六二、六三、六四爻辞的解说,闻一多先生将"颠颐"当"壮年"讲,那么"拂颐""由颐"究竟该如何解释呢?百思不得其解,不能无疑于"壮年"之说。我们宁愿设想:闻先生若是健在,一定会有妙语解颐吧。今不得闻知,实为憾事!依我们肤浅的理解:《颐卦》爻辞诸"颐"字与前一字的关系,并不如闻先生所说,因为并非由它们两个字联合起来表示某一时间概念。六三"拂颐",六五"拂经",应由六二"拂经于丘颐"化出。与今本《周易·颐卦》比较,竹书《周易·颐卦》诸爻辞多有异文,如"朵颐"作"敓颐","丘颐"作"北洍","其欲逐逐"作"丌猷攸攸",等等,固然多属通假问题,但也可能有意义的差别。

# 大过

## 导读

《大过卦》应与《小过卦》相对而言。据王辅嗣注与孔疏,这里"过"并无"罪过之义"(参见《小过》孔疏)。船山先生认为本卦之"过"是阳之过,因为除了初、上,都是阳爻。李镜池先生认为"卦中说的是一些过头事","卦爻辞中举了一些日常生活、婚姻礼俗中不太正常的例子,说明虽然不算什么大问题,但也是太过了"。这样讲,正是注疏的意思。

## 原文

䷛巽下兑上　大过:栋(挠)〔桡〕[1],利有攸往,亨。

《彖》曰:《大过》,大者过也。栋(挠)〔桡〕,本末弱也。刚过而中,巽而说行。"利有攸往",乃亨。《大过》之时大矣哉!

《象》曰:泽灭木,大过,君子以独立不惧,遁世无闷。[2]

## 注释

❶ 栋桡：桡读 náo，《说文》："曲木也。"段注："引伸为凡曲之称。"实即后起之"挠"字。据孔疏，栋桡就是"屋栋挠弱"。

❷ 君子义以为上，只要处仁居义，不怕孤立，不怕冷淡，我行我素，自得其乐。"独立不惧，遁世无闷"，正是古贤倡导并发扬的君子精神。

## 原文

初六：藉用白茅，无咎。《象》曰："藉用白茅"，柔在下也。

九二：枯杨生稊，老夫得其女妻，无不利。《象》曰："老夫""女妻"，过以相与也。[3]

九三：栋桡，凶。《象》曰：栋桡之凶，不可以有辅也。

九四：栋隆[4]，吉。有它，吝。[5]《象》曰："栋隆"之吉，不桡乎下也。

## 注释

❸ 李鼎祚《集解》引虞翻注："稊，稚也。杨叶未舒称稊。巽为杨，乾为老，老杨故枯，阳在二也……兑为雨泽。枯杨得泽，复生稊。二体乾老，故称老夫。女妻谓上兑，兑为少女，故曰女妻。大过之家，过以相与，老夫得其女妻，故无不利。"这里问题在于：既然说是"过以相与"，为何又说"无不利"呢？王辅嗣注比虞翻注说得明白。王注："稊者杨之秀也。以阳处阴，能过其本而救其弱者也。上无其应，心无持吝，处过以此，无衰不济也，故能令枯杨更生稊，老夫更得少妻。拯弱兴衰，莫盛斯爻，故无不利也。老过则枯，少过则稚。以老分少，则稚者长；以稚分老，则枯者荣：'过以相与'之谓也。"我们于此也不能无疑：倘若老无以分少，稚无以分老，弱者无可拯而衰者无可兴，"过以相与"何利之有？枯杨生稊不是根本不可能，然而必须具备生机（条件），而且毕竟是罕见

之事。若无条件,或条件不充分,枯杨如何能生稊,老夫何必求女妻,即生之得之,何利之有?

❹ 据孔疏,“栋隆”就是“屋栋隆起”。“隆”与“桡”刚好相反。

❺《集解》引虞翻的话:“失位,动入险而限于井,故‘有它,吝’。”王辅嗣注:“应在初,用心不弘,故‘有它吝’也。”孔疏与辅嗣注相同。今按,《说文》:“它,虫也……上古草居患它,故相问:‘无它乎?’”段注:“相问‘无它’,犹后人之‘不恙’‘无恙’也。语言转移,则以‘无别故’当之。”《大过·九四》“有它,吝”,意思是:有危害,不好。或者说是:发生别的毛病或变故,有点麻烦。

## 原文

九五:枯杨生华,老妇得其士夫,无咎无誉。《象》曰:“枯杨生华”,何可久也?“老妇”“士夫”,亦可丑也。❻

上六:过涉灭顶,凶,无咎。《象》曰:过涉之凶,不可咎也。❼

## 注释

❻ 宋祚胤先生《周易注译》对《大过卦》九五爻辞的《象传》作了批评,他写道:“《象传》只看到枯杨生华不可久,没看到也是繁荣昌盛,只看老妇士夫可丑,没看到也是幸福欢乐。”宋先生的批评也有些道理。依照宋先生的见解,我们对九二爻辞及其《象传》也可以这样看:老夫得其女妻,只要少女不是或不仅仅是为老夫手中的权势、金钱所动,又何尝不可以是“幸福欢乐”呢?但是,我们还应该说:九五爻辞的《象传》的说法自有道理,这也是很明白的。“老妇士夫”(“老夫女妻”也一样),一般来说,虽然随着观念的改变而有可能得到容忍,不被认为是“可丑”的事,只是自然的社会的规律又有谁能改变?《象传》问“何可久也”,实在是不问也自明的事。“大过,大者过也”,可是再过分也无力抗拒自然的社会的规律啊!

❼ 如果是“利涉大川”,就不会有“凶”了。这里是“过涉灭顶”,那无

疑是“凶”。可是为何又说“无咎”“不可咎”呢？王辅嗣注：“涉难过甚，故至于‘灭顶，凶’。志在救时，故不可咎也。”又说：“虽凶，无咎，不害义也。”朱熹说：“‘过涉灭顶’，‘不可咎也’，恐是他做得是了，不可以咎他……”按：上引王、朱说皆是。《大过·上六》爻辞以及所附《象传》，实质上是对舍生取义、见义勇为的肯定。

# 坎

## 导读

王辅嗣注：“坎，险陷之名也。”地上不可能到处平坦，世上不可能永远太平，人生很难得一帆风顺。什么“王道荡荡”，“王道平平”，什么“周道如砥，其直如矢”，那是理想，那是夸张。然而人生在世，若是依靠先烈遗产过日子，根本不出门，那也罢了；如果还想在世上闯荡一番，如果还想奔自己的目标，干自己的事业，那就要迈步出门，就要准备走过一道又一道坎。在《周易》一书里，先哲提出了与社会人生密切相关的许多问题，《坎卦》提出的问题即其中之一。

## 原文

䷜坎下坎上　习坎：有孚维心，亨，行有尚。

《彖》曰：习坎，重险也。[1]水流而不盈，行险而不失其信。“维心亨”，乃以刚中也。“行有尚”，往有功也。天险不可升也，地险山川丘陵也。王公设险以守其国，(险)〔坎〕[2]之时用大矣哉！

## 注释

❶ 孔疏：“习有二义。一者：习，重也。谓上下俱坎，是重叠有险……二者：人之行险，先须使习其事，乃可得通。故云‘习’也。”所以说习坎就是重坎，就是重险。“有孚维心，亨”，意思是维心诚信而得通。“行有尚”，孔疏说是“行可贵尚”的意思。于醴尊先生

说“尚当读为常”,“谓行有常法也”。按:这里应以于先生说更佳。

❷ 依《周易》象传词例,这里应该是“坎”字,而不应该是“险”字。可参看《豫》《随》《颐》《遁》《睽》《蹇》《解》《姤》《萃》《旅》诸卦象辞。

## 原文

《象》曰:水洊至,习坎;君子以常德行,习教事。[3]

初六:习坎,入于坎窞,凶。[4]《象》曰:习坎入坎,失道凶也。

九二:坎有险,求小得。《象》曰:“求小得”,未出中也。

## 注释

❸ 洊(jiàn),音义与“荐”同。《尔雅·释言》:“荐,再也。”《周易音义》也记录了这种说法。孔疏:“其水不以险之悬绝,水亦相仍而至,故谓为习坎也。以人之便习于坎,犹若水之洊至,水不以险为难也。”君子德行不失常而教事不辍,是不以险为难。

❹ 窞(dàn),《音义》:“《说文》云:‘坎中更有坎。’王肃又作陵感反,云:‘窞,坎底也。’《字林》云:‘坎中小坎,一曰旁入。’”闻一多先生说“坎窞犹窖牢”,又把“习坎”解释为“入牢狱”,那么“入于坎窞”是不是“习坎”的重复呢?据上引《音义》与闻先生的讲法,“习坎”是入牢狱,“入于坎窞”应是被关进牢中之牢,被关进牢狱底层之深且小而偏僻者,于是更加暗无天日,那才叫“凶”呢。

## 原文

六三:来之坎坎,险且枕。[5]入于坎窞,勿用。《象》曰:“来之坎坎”,终无功也。

六四:樽酒,簋贰,用缶。纳约自牖。终无咎。《象》曰:“樽酒,簋贰”,刚柔际也。[6]

## 注释

❺ 枕,《音义》说"古文作沈"。我们认为作"沈"是对的,理由很简单,"险"是形容词,可以作形容词的"沈"刚好可以与它并列,中间用"且"连接。闻一多先生认为"险且沈"应与下文连读,而上文"来之坎坎"应单独成句。"险且沈",就是坎窞险而且幽深,入固然不易,出则更难。今按:李镜池先生《周易通义》将"坎坎"两字分开,一从上读,一连下读,这样读法似可从。其实,《坎卦》本来由两个坎(坎上坎下)组成,"之"犹"此",这里"来之坎坎"应可以单独成句,也可以与下面的句子并列而用逗号隔开。

❻ 六四爻辞的意思,依闻一多先生的讲法,是酒食都由窗户送进取出("纳约自牖"),如周文王囚于羑里之比。按:文王囚于羑里,自是他生平一大坎,然则"终无咎"。《象传》"刚柔际也"句,孔疏:"以六四之柔与九五之刚两相交际而相亲,故得以此俭约而为礼也。"我们认为这里孔疏是对的。"刚柔际也"之"际",与《泰卦·九三》所附《象传》"天地际也"之"际"义同。

## 原文

九五:坎不盈,(祇)〔坻〕[7]既平,无咎。《象》曰:"坎不盈",中未大也。

上六:系用徽纆,置于丛棘,三岁不得,凶。《象》曰:上六失道,凶三岁也。[8]

## 注释

❼ 陆德明《周易音义》引郑云当为坻(阮刻本误作"坘"),今从之。王引之《经义述闻》读为疧,阮元《校勘记》以为当作祗,似亦可通。《正义》本"祇"字与"坻"字可以通假,应无疑问。"坎""坻"之可以实见,胜于"疧"之为病。而《复卦》"无祇悔"句自以"祇"作"祗"作"疧"为宜。

❽ 上六爻辞“系用徽纆，置于丛棘”，诸家（包括闻一多先生）引古文献（如《周礼·朝士》）证明古代牢狱之外种棘，其说可信。至于“三岁不得”句，我们认为李氏《集解》引《九家易》的说法可供参考。“害人者加明刑，任之以事，上罪三年而舍，中罪二年而舍，下罪一年而舍也。”今按：《九家易》这个说法出自《周官·秋官·司圜》。所谓“任之以事”，与今之劳动改造相当。所谓“舍”之，指表现好而“能改者”，刑满释放。可是，“其不能改而出圜土者，杀；虽出，三年不齿”，这也是《周官·秋官·司圜》明文；这样，三岁不得出牢房，不得自由，或不得为众人所齿，那还不算“凶”吗？

# 离

## 导读

《序卦》：“离者，丽也。”《集解》引荀爽的解说：“阴丽于阳，相附丽也。亦为别离，以阴隔阳也。”孔疏：“离，丽也。丽谓附着也。言万物各得其所附着处，故谓之离也。”如何附着呢？王辅嗣注：“《离》之为卦，以柔为正。”“离之为体，以柔顺为主者也。”孔疏：“以阴柔之质附着中正之位，得所着之宜，故云丽也。”这已经是结合诸爻位发议论了。李镜池先生说：“离通罹，指遭祸。”按：李先生说的也对。然则“罹”与附丽的意思并不相远。

## 原文

䷝离下离上　离：利贞，亨。畜牝牛，吉。

《彖》曰：离，丽也。日月丽乎天，百谷草木丽乎土。重明以丽乎正，乃化成天下。柔丽乎中正，故亨，是以“畜牝牛，吉”也。

《象》曰：明两作，离；大人以继明照于四方。❶

初九：履错然敬之，无咎。❷《象》曰：“履错”之敬，以辟咎也。

六二：黄离，元吉。《象》曰：“黄离，元吉”，得中道也。❸

## 注释

❶ “明两作，离”，与上文《彖传》“重明以丽乎正”有相同的意思。这样说，显然与卦象相符。“大人以继明照于四方”，与《彖传》“日月丽乎天”“乃化成天下”义近。李氏《集解》引虞翻注：“明两作”，“两谓日与月也……日月在天，动成万物，故称‘作’矣。或以日与火为明两作也”。我们认为所谓“继明”，就是日月之明。白天太阳照世界，夜间月亮照天下。白天太阳照，夜间用火把，这当然也说得通。“大人以继明照于四方”，这个“大人”像太阳，像月亮，可真是太伟大了！他肯定不是凡夫俗子。

❷ 王辅嗣注：“‘错然’者，警慎之貌也。处‘离’之始，将进而盛，未在‘既济’，故宜慎其所履，以敬为务，辟其咎也。”孔疏：“若位在于三，则得‘既济’，今位在于初，是未在‘既济’，谓功业未大，故宜慎其所履，恒须错然避咎也。”我们认为这里将“错然”解说为“警慎之貌”是不错的。“敬之”的“敬”，王注如字读之，而闻一多先生解释为惊，为儆（警），与《离卦》初九爻辞本义更为切合。

❸ 王辅嗣注：“居中得位，以柔处柔，履文明之盛而得其中，故曰‘黄离元吉’也。”孔疏：“黄者，中色。离者，文明。居中得位而处于文明，故‘元吉’也。故《象》云‘得中道’，以其得中央黄色之道也。”按：这里所谓“居中得位”，“得其中”，“得中道”，无非据六二爻位而言。《泰卦 · 九二》“得尚乎中行”，所谓“中行”也是据九二爻位而言。《泰卦 · 九二》所附《象传》的“中行”，与《离卦 · 六二》所附《象传》的“中道”，应有相似相同的意思。

## 原文

九三：日昃之离，不鼓缶而歌，则大耋之嗟，凶。[4]《象》曰：“日昃之离”，何可久也？

九四：突如其来如，焚如，死如，弃如。《象》曰：“突如其来如”，无所容也。

## 注释

❹ 昃(zè),指太阳偏西。耋(dié),指七十或八十岁的老人;但是这个字蜀才作“咥”,那么,如果仍读 dié,就是咬的意思,若是读 xì,就是大笑的意思了。(咥字还有别的读法,别的意思。)闻一多先生已将六二爻辞“黄离”解说为“日月无光”,于此又说“日西昃时迷离无光”,“日离为天之灾变,故必鼓缶哀歌,以诉于神灵而救之”。他进而把蜀才之“咥”改读为“跮”即“跌”字,然后对九三爻辞作出如下的解释:“此言日西昃时,昏暗无光,若不叩缶哀歌以救之,则必猝然蹉跌而下,如人之颠仆失据者也。”(《周易义证类纂》)其说甚精。但我们于此有三点意见:其一,人类社会初期,必有一个不知日月运行为自然规律的时期,见日东出而欢呼,见日西昃而惊恐,由是设法挽救落日,不必见其日昏暗无光始哀之救之。如果这样,那么,《离卦》九三爻辞“日昃之离”的“离”,仍然是“罹”(遭遇)的意思。其二,嗟者叹息,不必为“蹉”字之借。(闻先生并没有明说“嗟”借为“蹉”,可能“蹉”字是因为用“跌”字连类而出之。)其三,《音义》说“古文及郑无‘凶’字”,而今考察九三全爻的意思,可知应以有“凶”字为佳。

## 原文

六五:出涕沱若,戚嗟若,吉。《象》曰:六五之吉,离王公也。

上九:王用出征有嘉。折首,获匪其丑,无咎。《象》曰:“王用出征”,以正邦也。❺

## 注释

❺ 这里“王”自然指周王。“正邦”,维护国家秩序的意思。《孟子·尽心下》:“征之为言正也”,“征者上伐下也”。《离卦》上九爻辞用“征”字,正是用“征”的原始意义(本义)。“有嘉”,孔疏说是“有嘉美之功”,李镜池先生说是一个小国家的名字,宋祚胤先生说是“极为可喜”的意思,我们认为三说都可以将原文讲通。

# 咸

## 导读

从来对《咸卦》的理解,除了现代自然科学家、管理科学家的新说,可以大别为三类说法。一是认为《咸卦》为婚姻之卦,持这种见解的人最多。譬如《京氏易传》卷中:"《咸》……阳下于阴,男女之道内外相应,感类于象也。六二待聘,九五见召,二气交感,夫妇之道体斯合也。"二是认为《咸卦》为明君求贤臣之卦,现代易学家宋祚胤先生就是这样解释《咸卦》的。自屈子《离骚》起,我国文人在描写婚姻、追求好合的诗赋文章中寄托渴望当路赏识与重用的思想,实为寻常之事,所以这第二类讲法往往从前一种见解化出。三是将《咸》解释为伤及身体,初六至上六,自下而上,人体每一部分都损伤到了。这就谈不上什么美好的事,谈不上什么"吉"了。李镜池先生就持有这种说法。朱熹也说"《咸》就人身取象",但他不说"伤",只说"感动""感通""感应"或者"动",譬如他说:"《咸》有交感之义,都是要动,所以都说动。"我们认为解说《咸卦》可以从众,可以采用第一说,将第一种说法与朱子的说法结合起来,没有必要求之过深。卦爻辞既然说得很明白,又何必迂回呢?咸,感也,《周易音义》以及早于它的《彖传》说得很明确。男女共相感应,方成夫妇,这是人伦之始,不必隐讳。这里"咸"也就是"撼",摇动的意思。在正当的范围里,爱抚对方的身体,从"咸其拇"到"咸其辅颊、舌",这也算不上秘密,原本正常之事。古人并不都羞言男女之事,特别在宋明理学扩大影响之前。即在宋明理学大肆宣传之后,还有并不忌讳男女之事的小说在社会上广为流行呢(其中诲淫的文字实不足道)。关于《咸卦》的注释,我们这里已作总的说明,以下只要解说两三个词语就够了。

## 原文

(䷞)〔☱〕艮下兑上　咸:亨[1],利贞。取女,吉。

《彖》曰:《咸》,感也。柔上而刚下,二气感应以相与,止而说,男下女,是以"亨,利贞","取女,吉"也。[2]天地感而万物化生,圣人感人心而天下和平。观其所感而天地万物之情可见矣。

《象》曰:山上有泽,咸;君子以虚受人。[3]

## 注释

❶ 阮刻本这里卦画误为巽下兑上,那是《大过卦》的卦画,今为改正之。竹书《周易》卦辞前两字为"钦卿"。亨、卿可通,这与阮刻本《周易·需卦》卦辞"光亨",竹书《周易》作"光卿"一样。"钦"与"感"也可通。《说文·欠部》:"钦,欠貌。"段注:"去音切,七部。"《说文·心部》:"感,动人心也。从心,咸声。"段注:"古禫切,古音在七部。"《广韵》"古"属牙声见一,"去"属牙声溪二,可见"钦"与"感"声近韵同,例可通假。感可以是撼,摇动;钦可以是揿,按抚。"咸"有和睦、和司的意思,见《诗·棠棣》序笺以及僖廿四年《左传》杜注。"钦"有思望之意,见《诗·晨风》毛传。感慕而思望,感动而爱抚,彼此和谐,情意也相通。

❷ 《咸卦》由艮下兑上组合而成。艮刚而在下,兑柔在上,是二气感应以相授。《音义》解释"相与"的"与",引郑君的说法:"与,犹亲也。"相与就是相亲。艮为止,兑就是悦。孔疏:"艮为少男而居于下,兑为少女而处于上,是男下于女也。婚姻之义,男先求女;亲迎之礼,御轮三周:皆是男先下于女。然后女应于男。所以取女得吉者也。"

❸ "君子以虚受人",这一句已经突破《咸卦》的主体意思。为人应持谦虚态度,才能接受别人,这样说是对的。

## 原文

初六:咸其拇。《象》曰:"咸其拇",志在外也。

六二:咸其腓,凶。居,吉。《象》曰:虽凶居吉,顺不害也。

九三:咸其股,执其随。往,吝。《象》曰:"咸其股",亦不处也。志在随人,所执下也。

九四:贞吉。悔亡。憧憧往来,朋从尔思。[4]《象》曰:"贞吉,悔亡",未感害也。"憧憧往来",未光大也。

九五:咸其脢,无悔。《象》曰:"咸其脢",志末也。

上六:咸其辅颊、舌。《象》曰:"咸其辅颊、舌",滕口说也。[5]

## 注释

❹ 憧读 chōng。《集解》引虞翻注:"憧憧,怀思虑也。之内为来,之外为往……兑为朋,少女也。艮初变之四,坎,心为思,故曰'朋从而思'也。"这样讲,显然用卦变说。其实,王辅嗣注说"二体始相交以通其志,心神始感者也",已经传达了原文的意思,何必用卦变说呢?又,"尔思",竹书《周易》作"尔志",其实意思相同。

❺《音义》:"拇,茂后反,马、郑、薛云:'足大指也。'子夏作'䟫'。荀作'母',云:'阴位之尊。'""腓……荀作肥,云:'谓五也。尊盛故称肥。'""脢,武杯反,又音每。心之上,口之下也。郑云:'背脊肉也。'《说文》同……""辅,如字。马云:'上颔也。'虞作'酺',云:'耳目之间。'""滕,徒登反,达也。《九家》作'乘'。虞作'媵'。郑云:送也。"用现代话来说:拇是脚大趾,腓(féi)是小腿肚子,股是大腿,随在大腿上下,脢是背脊肉,辅颊即脸面两侧。撼动脚拇趾到脸颊以及口与舌,无非表示亲爱,不是伤害。朱熹说:"'有动皆为感',似以有情者言。"这样说是对的。他接着说:"卦体虽是动,然才动便不吉。"这样讲却无根据。

# 恒

## 导读

《序卦》:"恒者,久也。"这是常训。孔疏:"恒久之道,所贵变通。必须变通随时，方可长久。能久能通，乃无咎也。”可知这个“恒”的意思，不能简单地理解为永久不变。朱熹说：“能常而后能变，能常而不已，所以能变。及其变也，常亦只在其中。”寓常于变，这才是“恒”。还有一种情况，人们认为存在一种不可变易的原则或规律性的“恒”，无所谓寓常于变。这种“恒”，无论如何，存在于人们的理念之中。《乾卦·文言》说：“上下无常，非为邪也。进退无恒，非离群也。”似乎在宣传“无常”“无恒”，可是无论如何变化，“非为邪也”，“非离群也”，这就是“恒”了，这就是“常”了，这“恒”这“常”不可变。《乾卦·文言》说“与时偕行”，也就是现在所谓“与时俱进”的意思，这是说随时代而前进，这本身就是“恒”。可是，古今中外都说办事非有恒心不可，难道这样的经验也会变吗？

## 原文

䷟巽下震上　恒：亨，无咎。利贞，利有攸往。

《彖》曰：恒，久也。刚上而柔下，雷风相与；巽而动，刚柔皆应：恒。《恒》“亨，无咎，利贞”，久于其道也。天地之道恒，久而不已也。“利有攸往”，终则有始也。日月得天而能久照，四时变化而能久成，圣人久于其道而天下化成。观其所恒而天地万物之情可见矣。

《象》曰：雷风，恒；君子以立不易方。❶

初六：浚恒。贞凶。无攸利。《象》曰：“浚恒”之凶，始求深也。

九二：悔亡。《象》曰：九二“悔亡”，能久中也。❷

## 注释

❶《恒卦》所附《象传》强调了恒，也就突出了卦的本义。《恒卦》由巽下震上构成，巽为风，震为雷，“雷风相与”就是《恒卦》的实质，就是《恒卦》永远固有的本性，也就是《恒卦》的“恒”。整个《易经》，常常在《彖传》《象传》里宣扬作者的生活经验或者理想中的品德，《恒卦》所附《象传》所谓“君子以立不易方”，又是一例。君

子所以能够自立于人世间，必有他不可改变的原则，而这也就是君子之“恒”。

❷ 这又是一个所谓“中”由爻位决定的例证。《集解》引荀爽的说法：“乾为久也。能久行中和，以阳据阴，故曰能久中也。”孔疏：“失位故称‘悔’，居中故‘悔亡’也。”

## 原文

九三：不恒其德，或承之羞。贞吝。《象》曰：“不恒其德”，无所容也。❸

九四：田无禽。《象》曰：久非其位，安得禽也？

六五：恒其德。贞，妇人吉，夫子凶。《象》曰：妇人贞吉，从一而终也。❹夫子制义，从妇凶也。

上六：振恒，凶。《象》曰：振恒在上，大无功也。

## 注释

❸ 这里说的肯定不是君子，因为君子自有其恒德（所谓“以立不易方”，所谓“久于其道”），而这里说的人“不恒其德”。不能永久地保持德行，难免有承受羞辱的时候，这就是不那么美好的结局（“吝”）。孔疏：“不恒之人所往之处，皆不纳之，故‘无所容’也。”按：这里所谓“恒”，应该指能否保持永远的诚信而言。承前文，这里“不恒其德”就是不能保持永远的诚信之德。

❹ 宣扬妇人“从一而终”的古代文献，《周易·恒卦》六五爻辞的《象传》可算是比较早的资料。妇人“从一而终”，在《象传》作者看来，也算是“恒其德”了。可是《象传》作者并不主张男人从一而终，孔疏：“夫子须制断事宜，不可专贞从唱，故曰‘夫子凶’也。”这里反映了男尊女卑的思想，现在看来当然应该批判其非理性的一面。

# 遁

## 导读

这个字读 dùn，逃避、隐退的意思。《音义》：“匿迹避时，奉身退隐之谓也。郑云：‘逃去之名。’”中国古代一个又一个王朝，造就了一批又一批隐士。他们创造了内容复杂而又不乏辉煌的隐士文化。研究隐士文化的基础及其基本精神，是深入认识古代社会制度、传统文化实质的一条重要渠道。在这方面，周树人（鲁迅）先生的有关研究值得重视。当然，研究隐士文化比较深入者，决非一人而已。

## 原文

䷠艮下乾上　遁：亨，小利贞。

《彖》曰：“遁亨”，遁而亨也。刚当位而应，与时行也。❶“小利贞”，浸而长也。《遁》之时义大矣哉！

《象》曰：天下有山，遁；君子以远小人，不恶而严。❷

## 注释

❶ 王辅嗣注：“遁者，隐退逃避之名，阴长之卦。小人方用，君子日消。君子当此之时，若不隐遁避世，即受其害，须遁而后得通，故曰‘遁亨’。”遁则亨。不遁则否，甚而至于凶。王注把古代社会产生隐士的表层原因说出来了。这里所谓“与时行也”，如孔疏所说，是“相时而动”，未必是“与时俱进”。

❷ 孔颖达等疏：“君子当此遁避之时，小人进长，理须远避，力不能讨，故不可为恶，复不可与之亵渎，故曰‘不恶而严’。”今按：暂时不能制止恶势力为非作歹，既然同处一朝，不得不暂时容忍，但也不肯同流合污，而必与恶势力代表人物严加区别，这种情形历史上并不少见。

## 原文

初六:遁尾,厉。勿用有攸往。《象》曰:“遁尾”之厉,不往何灾也?

六二:执之用黄牛之革,莫之胜说。《象》曰:执用黄牛,固志也。[3]

九三:系遁,有疾,厉。畜臣妾,吉。《象》曰:“系遁”之厉,有疾惫也。“畜臣妾,吉”,不可大事也。

## 注释

❸ 这是尚未萌发“遁思”的官场中人挽留正要归隐的朋友采取的办法。用黄牛皮做的带子把归隐者的马拴住,那马是没法挣脱的。(“莫之胜说”,“说”与“脱”音义相同。)意在请朋友暂做逗留,为他饯行,因为将来天各一方,相见很难。李镜池先生认为《遁卦》爻辞与《诗·白驹》“可相互发明”,其说甚是。其实,《诗·周颂·有客》除了最后两句,与《遁卦》爻辞也颇有相同的意思。这里爻辞所谓“执之”,与《诗·白驹》的“絷之维之”,《有客》的“以絷其马”,意思正同。

## 原文

九四:好遁,君子吉,小人否。《象》曰:君子好遁,小人否也。

九五:嘉遁,贞吉。《象》曰:“嘉遁,贞吉”,以正志也。

上九:肥遁,无不利。[4]《象》曰:“肥遁,无不利”,无所疑也。

## 注释

❹ 孔疏:“惟上九最在外极,无应于内,心无疑顾,是遁之最优,故曰‘肥遁’。遁而得肥,无所不利……”李氏《集解》引侯果注,与孔疏基本一致。按:《音义》引子夏传,说“肥”是“饶裕”的意思。我们理解所谓“肥遁”应指隐遁之士心胸宽阔有余裕。“遥遥万里

晖，荡荡空中景。”“宇宙一何悠”，“竟抱固穷节”，“问君何能尔，心远地自偏”，昔日陶渊明的诗句正是心胸宽裕的写照。那才算得上真正的肥遁！若是从早到晚为了什么“怀才不遇”而牢骚不断，不肯豁达，日复一日，自己把自己弄得形容憔悴，那算什么肥遁？若是没有“肥遁”的心胸，就算一时“飞遁”了，又怎么能自觉“无不利”呢？于醴尊先生认为“肥字当从作飞之本”，恐未必是。

# 大壮

## 导读

《音义》对“大壮”的解释有如下的话：“威盛强猛之名。郑云：‘气力浸强之名。’王肃云：‘壮盛也。’《广雅》云：‘健也。’马云：‘伤也。’郭璞云：‘今淮南人呼伤为壮。’”今按：《音义》对卦名含义的说明采用兼收并蓄的办法，广收当时能够罗列的种种讲法，一则乃是《周易》卦爻辞歧义纷纭的反映，二则给后世留下了各执一词的话柄。迄今《易》无达占，治《易》者腾异议而无法趋于一致，这种情形在五经流布的历史上最为严重。我们无意抱怨陆德明先生多惹是非。对陆氏大著《经典释文》，我们只能表示感谢与敬佩。但是有必要指出：对于前辈治《易》诸家的种种讲法，切勿轻易信从，也不要轻易否定。譬如李镜池先生把“大壮”的“壮”讲成两个意思，“一训伤，一训强健”，这固然让读者怀疑是不是产生了随心所欲的麻烦；但是我们应该说：李氏两训都有根据，都来自《音义》。究竟取哪种解释为佳？是不是两训都该采用，各有各的用处？那就该由学《易》治《易》者自己去选择准确的判断了。

## 原文

䷡乾下震上　大壮：利贞。

《彖》曰：“大壮”，大者壮也。刚以动，故壮。“大壮，利贞”，大者正也，正大而天地之情可见矣。❶

《象》曰：雷在天上，大壮；君子以非礼弗履。[2]

## 注释

❶ 古人认为天是有意志的天，所以常常揣测天的情感（天帝的心意）。《诗·板》："天之方虐"，"天之方懠"。《书·洪范》："天乃锡禹洪范九畴。"《康诰》："天乃大命文王殪戎殷。"《左传》僖二十二年："天之弃商久矣。"又说："天欲杀之。"襄十四年："天之爱民甚矣。"这一类说法屡见不鲜。同样，古人认为地也是有意志的。天有天帝，地有地祇。天地之神都受到尊重。小戴辑《礼记·乐记》："礼乐偩天地之情"，可见在古人心目中，天地是有感情的。《大壮》所附《彖传》说"天地之情可见"，那是以"正大"为条件的。其实古人观察人间社会与天地气象，判断"天地之情"，所谓"正大"不是必要条件，也不是唯一条件。但若如辅嗣注说的"天地之情，正大而已矣"，那就无往而不可通了。

❷ "君子以非礼弗履"，《象传》这一句显然脱胎于《论语·颜渊》"四非"之一的"非礼勿动"。《周易》与礼制思想的关系，已有若干学者通过研究，发表过精辟的议论。《大壮卦》所附《象传》这一句只是比较明显罢了。

## 原文

初九：壮于趾，征，凶。有孚。[3]《象》曰："壮于趾"，其孚穷也。

九二：贞吉。《象》曰：九二"贞吉"，以中也。[4]

## 注释

❸ 李镜池先生采用马融的说法，认为这里"壮于趾"的"壮"是"伤"的意思。趾受伤，成了出征遇凶的先兆。"有孚"，李先生说这个"孚"与"俘虏"的"俘"相通。如果仅仅伤趾而有俘获，这个卦还应该是不十分坏的卦。

❹ 这里说的"贞吉"，王辅嗣注说是因为"居得中位，以阳居阴，履谦

不亢”，孔疏：“以其居中履谦，行不违礼，故得正而吉也。”由此亦可见爻位居中的意义，可知《周易》所谓“中”的含意。

## 原文

**九三：小人用，壮。君子用，罔。贞厉。羝羊触藩，羸其角。❺《象》曰：“小人用，壮”，君子罔也。**

**九四：贞吉，悔亡。藩决不羸，壮于大舆之輹。❻《象》曰：“藩决不羸”，尚往也。**

## 注释

❺ 孔颖达等疏：“罔，罗网也。羝羊，羖羊也。藩，藩篱也。羸，拘累缠绕也。九三处乾之上，是健之极也……小人当此，不知恐惧，即用以为壮盛，故曰‘小人用壮’。君子当此，即虑危难，用之以为罗罔于己，故曰‘君子用罔’。以壮为正，其正必危，故云‘贞厉’也。以此为正，状似羝羊触藩也，必拘羸其角矣。”按：《音义》关于“羸”的解释，引马融注：“大索也。”又说王肃作“缧”。这与孔疏说的“拘累缠绕”意思一致。所谓“君子用罔”，与羝羊触藩确实有点相似。我们将古今治《易》诸家的有关解说多方比较，认为王辅嗣注、孔颖达等疏关于《大壮》九三爻辞的说法平实好懂。于醴尊先生说：“惟此小人用壮之壮，必当从伤字之义。”又说：“罔即不伤之谓。”这样讲，也可备一说。

❻ 輹，《释文》：“本又作辐。”《集解》本作腹。《说卦》：“坤为腹。”“为大舆。”《集解》本出现的“腹”，与《正义》本的“輹”可以通假。輹是车箱下勾在轴上的钩子。辅嗣注：“壮于大舆之輹，无有能说其輹者，可以往也。”按：此爻与上一爻相应而意思有区别。羝羊钻穿了篱笆而角不曾损坏，当然还可以前进。无论如何，这里“壮”决没有“伤”的意思了。

## 原文

六五：丧羊于易[7]，无悔。《象》曰："丧羊于易"，位不当也。

上六：羝羊触藩，不能退，不能遂。无攸利。艰则吉。[8]《象》曰："不能退，不能遂"，不详也。"艰则吉"，咎不长也。

## 注释

❼《大壮卦》六五爻辞"丧羊于易"，用殷先祖王亥为有易放牧牛羊，后为有易所杀的故事。这个出典，业经顾颉刚先生考订。《山海经·大荒东经》"王亥托于有易"，郭璞注引《竹书纪年》证之，王静安先生在殷商卜辞中发现确有王亥其人。顾先生关于"丧羊于易"的说明，建立在卜辞与传统文献的可靠材料与科学研究的基础之上，确不可易。

❽"艰则吉"，与《孟子·告子下》说的"生于忧患而死于安乐"的意思相通或相同。

# 晋

## 导读

《序卦》："晋者，进也。"孔疏："晋之为义，进长之名。此卦明臣之升进，故谓之晋。"如何进法呢？治《易》诸家大多根据本卦诸爻之象，说这里所谓"晋"（进）是"柔进"，以其柔顺求上进。我们从本卦文字很难看出所谓"柔进"的意思。李镜池先生说《晋》是军事专卦，也未必可以"专"起来，未必可以串讲全卦。本卦有没有连贯的中心情节或思想，很难说。

## 原文

䷢坤下离上　晋：康侯用锡马蕃庶，昼日三接。[1]

《彖》曰：《晋》，进也。明出地上，顺而丽乎大明，柔进而上行，是以"康侯用锡马蕃庶，昼日三接"也。

《象》曰:明出地上,晋;君子以自昭明德。

初六:晋如摧如,贞吉。罔孚,裕,无咎。《象》曰:"晋如摧如",独行正也。"裕,无咎",未受命也。

六二:晋如愁如,贞吉。受兹介福于其王母。《象》曰:"受兹介福",以中正也。[2]

六三:众允,悔亡。《象》曰:"众允"之志,上行也。

## 注释

❶ 这里卦辞的意思,顾颉刚先生认为指姬封(康叔)封于康受武王之赐的事,见收入《古史辨》第三册的顾先生大作《〈周易〉卦爻辞中的故事》。我们觉得顾先生的说法可信。又,若是采用闻一多先生的说法,将"锡"字解释为"求",也许更顺畅。但这是就卦辞而言,不能用来概括本卦六段爻辞的大意。

❷ 李氏《集解》引《九家易》:"王动得正中,故二受大福矣。大福谓马与蕃庶之物。"按:"介福",多见于《诗经》。

## 原文

九四:晋如鼫鼠,贞厉。[3]《象》曰:"鼫鼠,贞厉",位不当也。

六五:悔亡,(失)〔矢〕[4]得,勿恤。往,吉,无不利。《象》曰:"(失)〔矢〕得,勿恤,往",有庆也。[5]

上九:晋其角,维用伐邑。厉,吉。无咎,贞吝。《象》曰:"维用伐邑",道未光也。

## 注释

❸ 鼫(shí)鼠,鼯(wú)鼠一类,《荀子·劝学》即称为梧鼠。又称为五技鼠,实则并无专长。李氏《集解》鼫作硕。按:如作"硕",就难免让人想起《诗经·魏风》的《硕鼠》,而硕鼠之讨厌可恶自不待言。无论是鼫鼠还是硕鼠,"贞厉"的结论是毋庸置疑的,因为

如果依《象传》训晋为进，像五技鼠那样，必然进不了多远；像硕鼠那样，无论进退，会出现人人喊打的局面。闻一多先生依《尚书大传》郑注，说晋是肃拜之肃，“晋如鼫鼠犹言拱而不肃，斯乃不敬之甚，故曰‘贞厉’”，这就把《晋卦》卦爻辞与礼仪联系上了，当然可备一说。

❹ 据马王堆出土帛书《周易》改。《周易音义》：“孟、马、郑、虞、王肃本作矢。”李鼎祚《周易集解》引荀爽本亦作矢。

❺ 《集解》引虞翻注：“动之乾，乾为庆也。矢，古誓字。誓，信也。勿，无。恤，忧也。五变得正，坎象不见，故‘誓得，勿恤，往，有庆也’。”这又是卦变说的运用，于醴尊先生已经作了批驳。于氏《香草校书》卷三：“矢者，射也。矢得者，射得为诸侯也。”他引小戴《射义》为证，又引郑注：“得为诸侯，谓有庆也。”又说：“得为诸侯，则何忧于让削？故曰‘勿恤’，而《象传》正言‘有庆也’。”我们认为关于《周易·晋卦·六五》的解说，注家虽多，而得其正解者唯于醴尊先生一人，他把《易》与礼制的关系弄明白了。

## 明夷

### 导读

孔疏：“夷者伤也。此卦日入地中，明夷之象，施之于人事：暗主在上，明臣在下，不敢显其明智，亦明夷之义也。”我们的意见：据初九爻辞，明夷应为鸟名，李镜池先生说了这个意思，他将“明夷”写作“鸣鹈”。本卦将“明夷”之鸟比“君子”其人，而君子就是箕子。朱熹说：“《明夷》，未是说暗之主，只是说‘明’而被伤者，乃君子也。”他这个说法是对的。

### 原文

䷣离下坤上　明夷：利艰贞。

《彖》曰：明入地中，明夷。内文明而外柔顺，以蒙大难，文王以之。[1]“利艰贞”，晦其明也。内难而能正其志，箕子以之。

《象》曰：明入地中，明夷；君子以莅众，用晦而明。

初九：“明夷于飞，垂其〔左〕[2]翼。君子于行，三日不食。”有攸往，主人有言。《象》曰：“君子于行”，义不食也。

六二：明夷夷于左股。用拯马壮，吉。《象》曰：六二之吉，顺以则也。

## 注释

❶《明夷卦》由离下坤上组合而成，离为明，坤为地，明入地中自然是据卦象而言。虞翻注、郑注说“夷”是伤的意思。蜀才注：“夷，灭也。”明入地中，岂有不灭不损伤之理？“内文明”指明入地中，“外柔顺”指坤在外，这也是据卦象而言。李氏《集解》又引荀爽注：“明在地下，为坤所蔽，大难之象。”这也是对“内文明而外柔顺以蒙大难”一句的解说。周文王被拘于羑里，蒙大难，所以《彖传》说“文王以之”。按：“文明”一词见于我国古籍，《周易》的《明夷》《大有》两卦的《彖辞》与前已出现的《乾卦》的《文言》，无庸置疑，应该算是比较早的。又，《释文》：“王肃云：‘唯文王能用之。’郑、荀、向作‘似之’，下亦然。”王伯申说：“用，词之‘以’也。”“用，词之‘由’也。”文王以之，即文王由之，本来可以讲通；王肃说“文王能用之”，则“能”只好作虚词讲，不得作能愿动词讲。其实，依郑、荀、向作“似之”，也可以讲通，下文“箕子以之”也可以作“箕子似之”讲。

❷ 据马王堆出土帛书《周易》补入。

## 原文

九三：明夷〔夷〕[3]于南狩，得其大首。不可疾，贞。《象》曰：“南狩”之志，乃（得大）〔大得〕也。

六四：入于左腹，获明夷之心，于出门庭。《象》曰：“入于左腹”，获心意也。

六五：箕子之明夷，利贞。《象》曰：箕子之贞，明不可息也。[4]

上六：不明晦，初登于天，后入于地。《象》曰：“初登于天”，照四国也。[5]“后入于地”，失则也。

## 注释

❸ 据马王堆出土帛书《周易》补入。

❹ “箕子之明夷”，意思是说箕子德行的光明受到损伤掩盖。“利贞”，指箕子终于“为武王师，名传无穷”。《象传》：“箕子之贞，明不可息也。”意思是说箕子忠贞于国的光明终究不会熄灭。李氏《集解》引马融注，概论箕子“知纣之恶”而“不忍弃去”之故，对于我们理解古代社会的同类现象很有参考作用。

❺《诗经·曹风·下泉》：“四国有王，郇伯劳之。”确指这里所谓“四国”殊不易。《周易·明夷》上六象辞“初登于天，照四国也”，这里也有所谓“四国”，恐怕也难于确指。大抵指四方之国而不是某一方之国，也有指多数诸侯国及其附庸的意思。

# 家人

## 导读

王辅嗣注：“《家人》之义，各自修一家之道，不能知家外他人之事也……其正在家内而已。”孔疏：“明家内之道，正一家之人，故谓之‘家人’。”船山先生说：“《家人》者，一家之人聚顺之象也。各正其位以尽其道，而以刚严统之，无不利矣。”李镜池先生说本卦为“家庭专卦”。这些解说都是对的。王肃说：“家家咸正，而天下之治大定矣。”可知《家人卦》提出的问题与观点的重要性。小戴辑《礼记·大学》所宣扬的修齐治平的思想，其中一项重要内容就是“齐家”。修身齐家事，切莫等闲看！

## 原文

䷤离下巽上　家人：利女贞。

《彖》曰：《家人》，女正位乎内，男正位乎外，男女正，天地之大义也。家人有严君焉，父母之谓也。父父子子、兄兄弟弟、夫夫妇妇而家道正，正家而天下定矣。❶

## 注释

❶ “男不言内，女不言外。”“男子居外，女子居内。”这些话见于小戴辑《礼记·内则》。《家人卦》所附《彖传》说：“女正位乎内，男正位乎外。”对男女分工做这样的规定，还认为是“天地之大义”，其实未必合理。正是如同《内则》《家人卦》所附《彖传》这一类说法，限制了中国古代妇女的社会地位与作用。“父父子子、兄兄弟弟、夫夫妇妇而家道正”，这样讲，宣传的是中国古代的宗法思想，为古代宗法社会维系统治的重要纲领。《论语·颜渊》所谓“君君臣臣，父父子子”，范围之大超过《周易·家人》所附《彖传》，而前者应为后者所从出。

## 原文

《象》曰：风自火出，《家人》；君子以言有物而行有恒。❷

初九：闲有家，悔亡。❸《象》曰：“闲有家”，志未变也。

六二：无攸遂，在中馈。贞吉。《象》曰：六二之吉，顺以巽也。❹

## 注释

❷ 要求君子“言有物而行有恒”，表明我们的古代贤哲早就注意到语言和行为两方面的修养，反对言之无物和行为乖张以及言行不一，而《家人卦》所附《象传》应为较早的文献证据。

❸ “闲有家”的“闲”，与《论语·子张》“大德不逾闲”的“闲”意思基本相同，区别仅在于词性不同而已。王辅嗣注：“凡教在初而法在

始。家渎而后严之,志变而后治之,则悔矣。处《家人》之初,为家人之始,故宜必以'闲有家'然后'悔亡'也。"孔疏:"治家之道,在初即须严正,立法防闲。若黩乱之后方始治之,即有悔矣。"上引注疏,无疑可以算是我国比较早的治家格言。而《家人卦》爻辞及其所附《彖》《象》的大部分,当然也可以作治家格言看,不应忽视。

❹ "在中馈",王夫之《周易内传》卷三说是"敬慎从夫以奉祀事,修妇职"。其实主妇"在中馈"不仅是"敬慎从夫以奉祀事"。这里"在"是察的意思,主持的意思。"中"在《家人卦》指六二之位,实指家中、堂中、宫中主妇之位。"馈"指馈食,《礼经》有二馈食之礼。二馈食礼实为祭祀之事,还有祭祀之外的衣食之事,都归主妇总管。六二为阴爻,主妇以柔顺为"吉",这当然也是时代的产物,反映了中国古代的思想观念。

## 原文

九三:家人嗃嗃,悔厉,吉。妇子嘻嘻,终吝。《象》曰:"家人嗃嗃",未失也。"妇子嘻嘻",失家节也。❺

六四:富家,大吉。《象》曰:"富家,大吉",顺在位也。❻

九五:王假有家,勿恤。吉。❼《象》曰:"王假有家",交相爱也。

上九:有孚,威如。终吉。《象》曰:"威如"之吉,反身之谓也。

## 注释

❺ 嗃(hè)嗃,《音义》:"马云:悦乐自得貌。郑云:苦热之意。"孔疏:"嗃嗃,严酷之意也。"这个说法大约从郑注推出。嘻嘻,《音义》:"马云:笑声。郑云:骄佚喜笑之意。"王辅嗣注:"家,与其渎,宁过乎严。是以家人虽'嗃嗃,悔厉'犹得其道;'妇子嘻嘻',乃失其节也。"按:旧社会限制妇女儿童的言笑,《家人卦》九三爻辞及其所附《象传》应该算是比较早的证据。值得笑的时候不能放声大笑,那该是多么不合理的社会!

❻《集解》引虞翻注:"'顺在位也',谓顺于五矣。"五得尊位,六四不顺于五,难免"吝""凶"。王辅嗣注:"若但能富其家,何足为大吉!体柔居巽,履得其位,明于家道以近至尊,能富其家也。"这样讲,引人深思。居巽而不肯近至尊,又没有别的生财之道,焉能富其家!安贫乐道可也。

❼辅嗣注:"假,至也。"孔疏:"九五履正而应,处尊体巽,是能以尊贵巽接于物,王至此道以有其家……居于尊位而明于家道,则在下莫不化之矣,不须忧恤而得吉也。"这样讲,王伯申不赞成,他说:"此'假'与'王假有庙'之'假'不同。彼当训'至',此当训'大'……王假有家者,王者宽假其家人也。"按:"王假有家"与《萃卦》"王假有庙"句式相同,两"假"字都可以训为"至"。王辅嗣增字改经固然不妥,王伯申不顾句式句法,强生分别,也有不妥。

# 睽

## 导读

睽(kuí),或作睽,《音义》:"《序卦》云:乖也。《杂卦》云:外也。《说文》云:目不相视也。"(阮元等《周易释文校勘记》已指出"目不相视"的"视"应该是"听"。)无怪乎《睽卦》诸爻所记多有不顺畅的事。其实人生很难事事顺畅,很难处处开心,很难时时和谐。重要的是要学会面对与应付这一类人和事。

## 原文

䷥兑下离上　睽:小事吉。

《彖》曰:《睽》,火动而上,泽动而下,二女同居,其志不同行。说而丽乎明,柔进而上行,得中而应乎刚,是以小事吉。天地睽而其事同也,男女睽而其志通也,万物睽而其事类也。《睽》之时用大矣哉！

《象》曰：上火下泽，睽；君子以同而异。

初九：悔亡。丧马勿逐，自复。见恶人，无咎。❶《象》曰："见恶人"，以辟咎也。

九二：遇主于巷，无咎。《象》曰："遇主于巷"，未失道也。

六三：见舆曳，其牛掣，其人天且劓。无初，有终。《象》曰："见舆曳"，位不当也。"无初有终"，遇刚也。

九四：睽孤遇元夫，交孚。厉，无咎。❷《象》曰："交孚""无咎"，志行也。

## 注释

❶ "塞翁失马"的故事（见《淮南子·人间》）有与《睽卦》"丧马勿逐，自复"相似的一段。这里所谓"恶人"，应依闻一多先生《周易义证类纂》的讲法，解释为"形残貌丑之人"，与《庄子·德充符》"卫有恶人焉"、《孟子·离娄下》"虽有恶人，齐戒沐浴，则可以祀上帝"的恶人同类。闻一多先生之前，早有学者这样解说《睽卦》初九爻辞所谓"恶人"。譬如于醴尊先生说："恶谓丑貌。"于氏又说："无咎，无嫌疑之谓也。"这样讲，可备一解。还有一种解说：形残貌丑之人未必心丑性恶，世上实有貌丑而心善之人；见到这种人，自然"无咎"。

❷ 六三爻辞"见舆曳"，竹书《周易》作"见车遏"，帛书《周易》作"见车恝"，其实意思相同。"其人天且劓"，《音义》："天，刖也。马云：刖凿其额曰天。"劓（yì），《音义》："截鼻也。"按：被刖额截鼻之人，也就成了貌丑之"恶人"。俞曲园先生认为"天"是"兀"字之误，闻一多先生赞同俞氏的见解，并且把九四爻辞"元夫"的"元"也读成"兀"（元兀古同字）。元夫就是兀者，断足之人，也就是九二爻辞所谓"恶人"。交孚是相互信任，也就虽厉而无咎了。

## 原文

六五:悔亡。厥宗噬肤[3],往,何咎?《象》曰:“厥宗噬肤,往”,有庆也。

上九:睽孤见豕负涂,载鬼一车。先张之弧,后说之弧。匪寇,婚媾。往遇雨,则吉。[4]《象》曰:“遇雨”之吉,群疑亡也。

## 注释

[3] 辅嗣注:“厥宗,谓二也。噬肤者,啮柔也。”孔疏:“宗,主也,谓二也。噬肤,谓噬三也……三是阴爻,故以肤为譬,言柔脆也。”注疏据爻位加以解说,今姑从之。

[4] 这一段爻辞,闻一多先生基本上用天文星象作出解释,其说有据。“豕身着泥,亦即涉陂渡河入沟渎之谓,星占家以为将雨之象……‘载鬼一车’,盖谓舆鬼星……张弧说弧,盖亦斥星言。”所记之事多舛,也算是“睽”了。

# 蹇

## 导读

蹇(jiǎn),本卦《象传》以及《周易·序卦》都认为是“难”(艰难)的意思。这个卦由艮下坎上构成。《说卦》:艮为山,为径路;坎为水,为沟渎。《序卦》又说“坎者陷也”。本卦《象传》说:“山上有水,蹇。”《京氏易传》:“水在山上,蹇险难进,阴阳二气否也。”也注意到卦象的“蹇险”。从本卦诸爻辞看:困难总是不免,但有大有小;过了难关,就有吉有利而无尤了。人们喜欢说“世上无难事,只要肯登攀”的道理,《蹇卦》就揭示或者说包含了这个道理。还有《坎卦》《困卦》也是这样。今按:蹇,竹书《周易》作“讦”。整理者认为“‘讦’音与‘謇’‘蹇’通,意亦相近”,这样说是有道理的。帛书《周易》作“蹇”,从走,与“蹇”之从足相通,盖即同一字之分化。

## 原文

☵☶艮下坎上　蹇:利西南,不利东北。利见大人。贞吉。

《彖》曰:《蹇》,难也,险在前也,见险而能止,知矣哉!《蹇》"利西南",往得中也。"不利东北",其道穷也。"利见大人",往有功也。当位"贞吉",以正邦也。[1]《蹇》之时用大矣哉!

《象》曰:山上有水,蹇;君子以反身修德。[2]

## 注释

❶ "知矣哉","知"字音义与"智"同。这一句之下,到"以正邦也","中""穷""功""邦"押韵,与《师卦·上六》所附《象辞》押韵相同。《彖辞》"利西南""不利东北"的说法,《集解》引虞翻注用卦变说作出解释,朱熹的解释也用卦变说,不烦引。李镜池先生已指出《蹇卦》"利西南,不利东北"与《坤卦》"利西南得朋,东北丧朋"意同。

❷ 王辅嗣注:"除难莫若反身修德。"孔疏:"蹇难之时,未可以进,惟宜反求诸身,自修其德,道成德立,方能济险,故曰'君子以反身修德'也。"这样讲,与孔门修身之旨一致。《论语·述而》:"德之不修,学之不讲,闻义不能徙,不善不能改,是吾忧也。"《学而》:"曾子曰:吾日三省吾身……"《宪问》:"子路问'君子',子曰:修己以敬。"《中庸》:"失诸正鹄,反求诸其身。"君子总是先求诸己,这是对的。

## 原文

初六:往蹇来誉。[3]《象》曰:"往蹇来誉",宜待也。

六二:王臣蹇蹇,匪躬之故。《象》曰:"王臣蹇蹇",终无尤也。[4]

九三:往蹇来反。[5]《象》曰:"往蹇来反",内喜之也。

## 注释

❸ 闻一多先生认为"誉"与"趣"相通。六二爻辞有"蹇蹇",初六单言

“蹇”,与“蹇蹇”义同。单言“誉”,即“趣趣”,也就是《论语·乡党》说的“与与如也”。往时蹇蹇(困难重重),来时与与(威仪适度)。

❹ “无尤”,甲骨卜辞中多见,研契诸家都认为“无尤”是没有灾祸。孔疏将这个“尤”解释为“过尤”,亦通。

❺ 李镜池先生认为这个“反”犹如《诗·宾之初筵》“威仪反反”的反反。他说得好。按:“威仪反反”是“其未醉止”的模样,应该可观。据《释文》,反反,韩诗作“昄昄”,说是“善貌”。往时蹇蹇难行,归来威仪可观,义正相反。

## 原文

六四:往蹇来连。❻《象》曰:“往蹇来连”,当位实也。

九五:大蹇朋来。《象》曰:“大蹇朋来”,以中节也。❼

## 注释

❻ “往蹇来连”的连,《音义》:“马云:‘亦难也。’郑如字,迟久之意。”按:除了六二爻辞,《蹇卦》诸爻辞都采用“往蹇来某”的句式,似不必如闻一多先生解说初六、九三、九五爻辞那样当謰语看。如上六“往蹇来硕”,更不好说是謰语,因为“蹇”与“硕”根本谈不上叠韵或双声,义各不同。这里还是于醴尊先生的讲法较好,他说:“连之本义为车。”《说文》段注谓“连即古文辇”,是其证。于氏又说:“往蹇来连,谓往则蹇跛,来则乘车耳。”除了二五两爻,《蹇卦》诸爻“皆往难而来不难”,义正一例。李镜池先生采用了于氏此说。其实,《集解》引虞翻注早就把“连”解说为“辇”了;然而就整体而言,虞氏对“往蹇来连”句的解释并不可取。

❼ 王辅嗣注:“处难之时,独在险中,难之大者也,故曰‘大蹇’。然居不失正,履不失中,执德之长,不改其节,如此则同志者集而至矣,故曰‘朋来’也。”按:九五是阳得正位而履中,遇难处险而不惧。朱熹说:“五是为《蹇》主。凡人臣之蹇,只是一事。至大蹇,

须人主当之。”又说：“处九五尊位，而居《蹇》之中，所以为‘大蹇’，所谓‘遗大投艰于朕身’。人君当此，则须屈群策，用群力，乃可济也。”（《朱子语类》卷七十二《易八》）群策群力，说的是“朋来”。“遗大投艰于朕身”，引《书·大诰》语。朱子说得很有道理。但我们认为：我辈凡人遇到险境，也是要靠朋友帮助脱难的。

### 原文

上六：往蹇来硕，吉。[8]利见大人。《象》曰：“往蹇来硕”，志在内也。“利见大人”，以从贵也。

### 注释

8 从“往蹇来某”句式，可知“往蹇来硕吉”的“吉”应独立成句。孔颖达等疏读“往蹇来硕吉”为一句，“吉”字从上句，与本卦初六、九三、六四诸爻句例不合。惟《周易》全书并无“硕吉”词例，“来硕吉”实不词，所以我们不敢采用孔疏的句读。“往蹇来硕”，辅嗣注：“往则长难，来则难终，难终则众难皆济，志大得矣。”孔疏：“上六难终之地，不宜更有所往。往则长难，故曰往蹇也。来则难终……”按：众难皆济，不就是“吉”吗？

## 解

### 导读

《音义》说这里“解，音蟹（xiè）”。王辅嗣注不言读音，孔疏：“解者卦名也。然解有两音，一音古买反，一音胡买反。”孔颖达等人的意思：同一个解字，“解难”之初的“解”与既解之后的“松解”，音各不同。后者读 xiè，就是《音义》说的“音蟹”，实际上音义同“懈”，也就是《序卦》所谓“解者缓也”。前者古读 gǎi，今读 jiě。文武之道，一张一弛，紧张之后的“解”（懈）是可以理解（jiě）的。从《解卦》的实际情况看，与文意相应的两种读音都存在，而以读 jiě 者为主。

## 原文

䷧坎下震上　解：利西南。无所往，其来复，吉。有攸往，夙吉。

《彖》曰：《解》，险以动，动而免乎险，解。[1]《解》“利西南”，往得众也。“其来复，吉”，乃得中也。“有攸往，夙吉”，往有功也。天地解而雷雨作，雷雨作而百果草木皆甲(坼)〔坼〕，《解》之时大矣哉！

《象》曰：雷雨作，解；君子以赦过宥罪。

初六：无咎。《象》曰：刚柔之际，义无咎也。

九二：田获三狐，得黄矢。贞吉。《象》曰：九二“贞吉”，得中道也。

六三：负且乘，致寇至。贞吝。《象》曰：“负且乘”，亦可丑也。自我致戎，又谁咎也？

九四：解而拇，朋至斯孚。[2]《象》曰：“解而拇”，未当位也。

## 注释

1. 《解卦》由坎下震上组成。坎为险，震为动，所以说这个卦是“险以动”。震雷动于上，免于下坎之险，也就可以舒缓紧张的气氛了，所以叫“解”（缓解）。但若理解为危险解除，可以松气了，则读作“懈”。

2. 孔疏：“而，汝也。拇，足大指也……四有应在初，若三为之拇，则(矢)〔失〕初之应，故必解其拇然后朋至而信。”朱熹的解说与孔疏相似。按：“解而拇”，竹书《周易》作“繲丌拇”。整理者濮茅左君谓“拇或读为罞”，罞为雉网。这样讲，比旧说更切合卦意。

## 原文

六五：君子维有解，吉。[3]有孚于小人。《象》曰：“君子有解”，小人退也。

上六：公用射隼于高墉之上，获之。无不利。《象》曰："公用射隼"，以解悖也。[4]

## 注释

❸ 王辅嗣注本"维有解"之"维"，他本（如李氏《集解》本）皆作"惟"。闻一多先生对于《解卦》六五爻辞的解说，适合于王辅嗣注本，而与他本实不合。我们认为这里"解"仍当作"缓解"讲，缓和与"小人"之间的矛盾，譬如"赦过宥罪"，树信于民，也就有"吉"了。

❹ 隼（sǔn），又叫"鹘"（hú），鸟类，性凶猛，经驯养可以成为打猎的好帮手。李氏《集解》引《九家易》："隼，鸷鸟也……其性疾害，喻暴君也。阴盗阳位，万事悖乱，今射去之，故曰'以解悖'也。"孔疏："墉，墙也……此借飞鸟为喻，而居下体之上，其犹隼处高墉。隼之为鸟，宜在山林，集于人家高墉，必为人所缴射，以譬六三处于高位，必当被人所诛讨。上六居动之上，为《解》之极，将《解》之荒悖而除秽乱，故用射之也。"又说："公者臣之极，上六以阴居上，故谓之公也。""上六居动之上，能除《解·六三》之荒悖，故云'以解悖'也。"按：这个"解"不是"懈"，应读 jiě。与《九家易》相比，孔疏加详，而大意有相似者。

# 损

## 导读

孔疏："损者，减省之名。此卦明损下益上，故谓之损。损之为义，损下益上，损刚益柔。"船山先生说："《损》者，阳之损也。《益》者，阴之益也……《损》《益》者，阴阳交错以成化，自然之理，人心必有之幾，《损》不必凶，而《益》不必吉也。"李镜池先生认为《损》《益》为对立组卦。我们认为这些见解都是对的。

## 原文

☶兑下艮上　损：有孚，元吉，无咎，可贞。利有攸往。曷之用？二簋可用享。❶

《彖》曰：《损》，损下益上，其道上行❷。损而“有孚，元吉，无咎，可贞，利有攸往”。“曷之用？二簋可用享”：二簋应有时，损刚益柔有时。损益盈虚，与时偕行。

《象》曰：山下有泽，损；君子以惩忿窒欲。❸

## 注释

❶“曷”通“何”，这没有问题。闻一多先生认为诸家读“曷之用”句，则“之”字无著而全句不够顺畅，这才真是问题，所以他主张“曷读为匄”。这样读就没有问题了吗？按：曷匄是否相通？从音韵上讲确无问题，问题在于没有文献证据，没有先例。有鉴于此，今不能不求新说。《尔雅·释言》：“曷，盍也。”郭注：‘盍，何不。”桓十一年《左传》：“盍请济师于王？”昭三十年《左传》：“女盍从旧？”杜注：“盍，何不也。”《论语·公冶长》：“盍各言尔志？”《文选·思玄赋》注引郑注：“盍，何不也。”邢疏与朱熹《集传》都这样说。“何不之用”，应该没有不通的毛病了。于醴尊先生把“曷”讲成“遏”，训为“遏止”，也可以讲通原文。

❷《集解》引蜀才的说法：“阳德上行，故曰‘其道上行’也。”王辅嗣注：“艮为阳，兑为阴。凡阴顺于阳者也。阳止于上，阴说而顺，损下益上，上行之义也。”按：“上行”之义既明，“中行”之义可以推知。

❸孔疏：“君子以法此损道，以惩止忿怒，窒塞情欲……惩者息其既往，窒者闭其将来。忿、欲皆有往、来。惩、窒互文而相足也。”按：孔疏说是。

## 原文

初九：巳事遄往，无咎。❹酌损之。《象》曰：“巳事遄往”，尚合志也。

九二：利贞。征，凶。弗损，益之。《象》曰：九二“利贞”，中以为志也。

六三：三人行则损一人，一人行则得其友。《象》曰：一人，行；三则疑也。

六四：损其疾，使遄有喜，无咎。[5]《象》曰：“损其疾”，亦可喜也。

六五：或益之十朋之龟，弗克违，元吉。《象》曰：六五“元吉”，自上祐也。

上九：弗损，益之，无咎，贞吉。利有攸往，得臣无家。[6]《象》曰：“弗损，益之”，大得志也。

## 注释

❹“巳事遄往”，《音义》：“巳，虞作祀。”“遄，速也。荀作颛。”李氏《集解》引虞注与《音义》说正同。古人看重祭祀，无论是派使者颛往还是速往，都被认为“无咎”，这是可以理解的。

❺闻一多先生《周易义证类纂》：“六四‘使遄’即初爻‘祀事遄往’之省，使亦读为事……言有疾者速往祭祷之即逾也。”这样解说《损卦》六四爻辞是对的。

❻王辅嗣注：“得臣则天下为一，故无家也。”朱熹说：“‘得臣无家’，犹言化家为国相似。得臣有家，其所得也小矣，无家则可见其大。”这样的讲解意思相近。船山先生认为这里臣是“忘家忧国之臣”，也可以讲通原文。

# 益

## 导读

孔疏：“益者，增足之名。损上益下，故谓之益。”引向秀的说法：“明王之道，志在惠下，故取下谓之损，与下谓之益。”朱熹说：“大抵《损》《益》

二卦,诸爻皆互换。《损》好,《益》却不好。”李镜池先生认为《损》《益》两卦可以说明对立转化的道理。这些意见,除了“诸爻皆互换”一句,都是可取的。

## 原文

☳震下巽上　益:利有攸往。利涉大川。

《彖》曰:《益》,损上益下,民说无疆;自上下下,其道大光。“利有攸往”,中正有庆。“利涉大川”,木道乃行。益动而巽,日进无疆。天施地生,其益无方。凡《益》之道,与时偕行。[1]

《象》曰:风雷,益;君子以见善则迁,有过则改。[2]

## 注释

❶ 这一段彖辞,显然都是韵文。“与时偕行”句,《乾・文言》已出现过。“利涉大川,木道乃行”,李氏《集解》引虞翻注:“谓三动成‘涣’。‘涣’,舟楫,象巽木得水,故木道乃行也。”按:《益卦》上为“巽”,“巽”为木,木道行,工具备,所以“利涉大川”。朱熹关于木道有不同说法,可以参考,不备录。

❷ “见善则迁,有过则改”,是《周易》其书宣扬的“君子”的标准之一。不这样,“君子”就不成其为君子了。王辅嗣注:“迁善改过,益莫大焉。”对于个人修身而言,“益”,就是使自己的品行好起来。

## 原文

初九:利用为大作,元吉,无咎。《象》曰:“元吉,无咎”,下不厚事也。

六二:或益之十朋之龟,弗克违,永贞吉。王用享于帝,吉。[3]《象》曰:“或益之”,自外来也。

六三:益之用凶事,无咎。有孚,中行告公用圭。[4]《象》曰:“益用凶事”,固有之也。

## 注释

❸《益·六二》与《损·六五》基本相同。孔疏:“帝,天也。王用此时以享祭于帝,明灵降福,故曰‘王用享于帝,吉’也。”朱熹说:“‘享于帝,吉’,是祭则受福底道理。”按:孔、朱所说意思相同。

❹《益·六三》的“中行”,王辅嗣注与孔疏都不认为指某人某官。船山先生《周易内传》卷三下:“‘中行’,卦三阴而三当其中,行以告而请益也。‘公’谓四,四近九五尊位为三公。”《益·六四》的“中行”,船山说同。朱夫子早就说过:“中行”“见不得是指谁”。李镜池先生说“中行”是“途中”,那就更加不好确指某人某官了。“中行”之“中”,注家多理解为方位词,与爻位有关。

## 原文

六四:中行告公,从。利用为(依)〔家〕❺迁国。《象》曰:“告公,从”,以益志也。

九五:有孚,惠心勿问,元吉。有孚,惠我德。《象》曰:“有孚,惠心”,勿问之矣。“惠我德”,大得志也。

上九:莫益之,或击之。立心勿恒,凶。❻《象》曰:“莫益之”,偏辞也。“或击之”,自外来也。

## 注释

❺ 据马王堆出土帛书《周易》改。既然六四爻辞本不作“依”,那么,关于“依”的种种解说就失去了根据。

❻“立心勿恒,凶”,这是否定之否定,意思还是说:立心应持之有恒。所以我们认为《益卦》上九这一句爻辞与《家人卦》的象传“君子以言有物而行有恒”并无矛盾。王辅嗣注:“求益无已,心无恒者也。”盖王氏以为这里“无恒”指心里没有一定的标准,所谓“胸中无数”,一味贪多,所以有这样的解说。

# 夬

## 导读

夬(guài),《音义》:“决也。”《彖传》也说:“夬,决也。”孔疏更明白地说这个决是“决断”之决。王辅嗣认为本卦与《剥卦》相反,是以刚决柔之卦。孔疏:“此阴消阳息之卦也。”倘若治《易》者像猜测《夬卦》所谓“一阴承五阳”那样,那么《夬卦》的“五阳共决一阴”又该如何判断呢?难免又有种种猜测,可是要怎样才能令人置信呢?

## 原文

䷪乾下兑上　夬:扬于王庭,孚号。有厉,告自邑。不利即戎。利有攸往。

《彖》曰:《夬》,决也,刚决柔也。健而说,决而和。“扬于王庭”,柔乘五刚也。“孚号有厉”,其危乃光也。“告自邑,不利即戎”,所尚乃穷也。“利有攸往”,刚长乃终也。

《象》曰:泽上于天,《夬》;君子以施禄及下,居德则忌。❶

初九:壮于前趾。往,不胜为咎。《象》曰:不胜而往,咎也。

九二:惕号,莫夜有戎,勿恤。《象》曰:“有戎,勿恤”,得中道也。

九三:壮于頄,有凶。君子夬夬独行,遇雨若濡。❷有愠,无咎。《象》曰:“君子夬夬”,终无咎也。

## 注释

❶ “泽上于天”,指《夬卦》兑在乾上,水从天上来。君子施禄,惠及下民,固然是好事,但不必居德自诩。以德自居为君子大忌。要是真以德自矜,其德也可疑了。

❷ “壮于頄”,竹书《周易》作“藏于頄”,字有异而音义同。頄,这个字

读法不下于五种,以读 qiú、kuí 为常见。王辅嗣注:“頄,面颧也。”《音义》引翟氏说:“面颧颊间骨也。”夬夬,跳跃疾走的样子。闻一多先生读夬为赽,甚是。濡(rú),沾湿。碰上雨淋,一身就湿了。

## 原文

九四:臀无肤,其行次且。[3]牵羊,悔亡。闻言不信。《象》曰:“其行次且”,位不当也。“闻言不信”,聪不明也。

九五:苋陆夬夬中行,无咎。[4]《象》曰:“中行无咎”,中未光也。

上六:无号,终有凶。[5]《象》曰:“无号”之凶,终不可长也。

## 注释

❸ “臀无肤”者,甚言其瘠也,这是闻一多先生的解释。说得通俗点,就是屁股上没有肉。次且,趑(zī)趄(jū)之省,意思是行走困难。《说文》:“趑趄,行不进也。”《音义》引《说文》:“仓卒也。”我们认为将“次且”解说为“行不进”,或者“仓卒”,都可以讲通。

❹ 苋读 xiàn。王辅嗣注:“苋陆,草之柔脆者也。”可是闻一多先生没有采用这个说法,他引《说文》将苋解释为山羊,读陆为踛。“苋陆夬夬中行”,闻先生说:“谓羊跳夬夬然于道中也。”这是很准确很形象的讲法,可从之。《集解》引虞翻注:“五在上中,动而得正,故‘中行无咎’。”这样讲,注意到九五爻的地位。王辅嗣注:“五处尊位,最比小人,躬自决者也。以至尊而敌至贱,虽其克胜,未足多也。处中而行,足以免咎而已,未足光也。”这样讲,也是据九五位尊而言。闻一多先生把“中行”解释为“道中”,与旧注不同。因为卦爻是客观世界某类事物或意识的象征性的反映,所以我们认为也不必完全否定根据卦爻位置而立论的旧注。

❺ 孔疏:“上六居《夬》之极,以小人而居群阳之上,众共弃也。君子道长,小人必凶,非号咷所免,故禁其号咷,曰:‘无号!’终有凶也。”这正是王辅嗣注的意思,形象地道出了《夬卦》上六爻辞的原意。

# 姤

## 导读

《音义》:“姤,古豆反。薛云:‘古文作遘。’郑同。《序卦》及《彖》皆云:‘遇也。’”可见姤应该读 gòu,有“遘遇”“媾合”的意思。简单地说:“姤”音义与“遘”相同。治《易》前贤据本卦一阴承五阳之象,多认为“一女当五男”,从而生发种种批评,我们认为这一类批评并不能串讲本卦。李镜池先生说本卦“内容散杂”,恐亦未必然。我们认为本卦内容与婚姻有关,或者说其中以婚姻之可否为主。

## 原文

䷫巽下乾上　姤:女壮,勿用取女。[1]

《彖》曰:《姤》,遇也,柔遇刚也。“勿用取女”,不可与长也。天地相遇,品物咸章也。刚遇中正,天下大行也。《姤》之时义大矣哉!

《象》曰:天下有风,姤;后以施命诰四方。[2]

## 注释

❶ 这一段卦辞总释《姤卦》,基本上(或者说大体上)概括了本卦爻辞的大意。本卦六爻辞,多倾向于“勿用取女”的意思。旧注疏解释其理由,说是一柔而遇五刚,一女而遇五男,所以“勿用取女”。今按:“女壮”,竹书《周易》作“女藏”。整理者读藏为藏,说是“女已藏匿,故勿用取女”,又说:“或读为‘女壮’,柔刚失调……壮健犯阳之女不可取。”这里所谓“或读”,与旧注疏一致。又,据《礼经·士昏礼》,古人昏礼有加诸卜筮之习。这个《姤卦》可为旁证。

❷ 《姤卦》所附《大象》这一段话中的“后”,不是表示时间、方位的“后”,而是指尊贵的君后。李氏《集解》引翟氏注:“天下有风,风

无不周布,故君以施令告化四方之民矣。”按:《姤卦》下为巽,上为乾,所以说“天下有风”。《集解》又引虞翻注说“后为继体之君”,联系本卦作出说明,我们不拟摘录。

## 原文

初六:系于金柅,贞吉。有攸往,见凶。羸豕孚蹢躅。③《象》曰:“系于金柅”,柔道牵也。

九二:包有鱼。无咎,不利宾。④《象》曰:“包有鱼”,义不及宾也。

九三:臀无肤,其行次且。厉,无大咎。《象》曰:“其行次且”,行未牵也。

## 注释

③ 柅(nǐ),孔疏引马融注,说是车下“止轮令不动者”。闻一多先生说“系当读为击”,其意与《国策·齐策一》“辖击摩车”的“击”相同,高注:“击,阂也。”这样,“系于金柅”,就是“车碍于金柅而不能行”的意思。“贞吉”之下,闻先生认为应该读作:“有攸往,凶。见羸豕孚蹢躅。”按:闻先生此说可商,因为竹书《周易》作:“又甶迲,见凶。羸豕孚是蜀。”帛书《周易》“有攸往,见凶”,“羸”上无“见”字,也可以证明闻说非是。羸(léi)豕,瘦猪。蹢(zhí,一作踯)躅(zhú,一作踯):与“趑趄”“踟蹰”“彳亍”意思相近。闻一多先生认为这里“孚”应从俞樾先生《平议》训为乳,“羸豕孚蹢躅”就是瘦母猪“且乳且行之状”。我们认为《姤·初六》的意思是说行亲迎礼不吉利。“系于金柅,贞吉”:想办法挡住或者拴住亲迎礼用的车,反而吉利,显然就是不要行亲迎礼,不要行婚礼的意思。李镜池先生说:见到老母猪“走得很不利落”,“这是象占”。果如此,可据以推测“羸豕”句的意思:由象占可以判断那是不利于出行的预兆,也就是行亲迎礼不吉利的预兆。这样讲,可备一说。

④ 闻一多先生《说鱼》:“鱼是代替匹偶的隐语。”李镜池先生赞同

闻先生此说，他解释《姤·九二》还有如下的意见："宾：借为嫔。女嫁或男入赘都称为嫔。"那么，"不利宾"也就是不利于婚姻的意思了。下文《九四》"包无鱼，起凶"，也就是不要行婚礼的意思。

## 原文

九四：包无鱼，起凶。《象》曰："无鱼"之凶，远民也。

九五：以杞包瓜，含章，有陨自天。[5]《象》曰：九五"含章"，中正也。"有陨自天"，志不舍命也。

上九：姤其角[6]，吝，无咎。《象》曰："姤其角"，上穷吝也。

## 注释

[5] 王辅嗣注："杞之为物，生于肥地者也。包瓜为物，系而不食者也。九五履得尊位而不遇其应。得地而不食，含章而未发，不遇其应……故曰'有陨自天'也。"孔疏："盖言惟天能陨之耳。"按：辅嗣注以为"包瓜"即《论语·阳货》之"瓠瓜"，所以有"系而不食"的话。问题在于"以杞包瓜"若依王注的说法，实有不辞之嫌。闻一多先生"疑杞当读为系"，可惜没有"杞""系"相通的文献证据，亦有可疑。我们的浅见，"以杞包瓜"皆如字读，无须假借，与《诗·召南》"白茅包之"句式相近。杞岂是包瓜之用呢？以杞包瓜，也算是不遇其应了。王辅嗣注："九五履得尊位……体刚居中，志不舍命，不可倾陨，故曰'有陨自天'也。"孔疏："……无能倾陨之者，故曰'有陨自天'，盖言惟天能陨之耳。"依王注孔疏，"有陨自天"只是把话说到绝处的设想，实则不过极力赞美其志向而已。或以为"包瓜"即匏瓜，婚礼合卺之用，那就又与婚礼有关了。

[6] 闻一多先生的意见："'姤其角'即构其角，斗争之象也。"为什么发生争斗呢？闻氏没有说。王辅嗣注与孔疏以为姤是遇的意思，角就是动物头上长出来的两角，这样讲比较平易好懂。若是"构

其角，斗争之象”，“吝”恐难免，何以见得“无咎”呢？据王注孔疏，应该可以这样理解：因为上九已是“进之于极，无所复遇，遇角而已”，“角非所安，与无遇等”，所以无凶无咎。关键在于“姤”只是遇见，不是构架。“姤”有男女媾合的意思。为了媾合之事发生角斗，一般而言，谈不上什么光彩。

# 萃

## 导读

萃读 cuì，本义指草之聚生。辅嗣注把“萃”解释为“聚”。孔疏说是“能招民聚物”，使物归而聚之。朱熹重视本卦说的庙祭，他认为祖考精神聚于庙。船山先生说：“此卦三阴聚于下，二阳聚于上，各依其类以相保，故谓之萃。”他没有忽视还有“上六覆其上，保阳而使不往”的重要事实，这就好了。今按：很难说《萃卦》有个什么中心内容，也很难说本卦以什么观点或思想为主。

## 原文

䷬坤下兑上　萃：（亨，）王假有庙。利见大人。亨，利贞。用大牲，吉。利有攸往。❶

《彖》曰：《萃》，聚也；顺以说，刚中而应，故聚也。“王假有庙”，致孝享也。“利见大人，亨”，聚以正也。“用大牲，吉，利有攸往”，顺天命也。观其所聚而天地万物之情可见矣。

《象》曰：泽上于地，萃；君子以除戎器，戒不虞。❷

## 注释

❶ “萃”下“王”上“亨”字衍，据《周易》卦辞文例可知。竹书《周易》与帛书《周易》正无此“亨”字。他如李氏《集解》本亦无此“亨”字。“王假有庙”，与《家人卦》九五爻辞“王假有家”句式相同，

"假"读 gé,音义与"格"相同。"大牲",船山先生认为指"特牲,牛也",其说可从。我们认为这一段卦辞并不能总释《萃卦》大意。如前文解题所说:本卦没有什么中心内容或主要观点。这一段卦辞说的主要是庙祭,而庙祭的意思仅仅见于六二爻辞罢了。

❷ 李氏《集解》引虞注:"君子谓五。除,修。戎,兵也。"维修兵器,如《尚书·费誓》"善敹乃甲胄""锻乃戈矛、砺乃锋刃"是。戒不虞,防止意外事故。

## 原文

初六:有孚不终,乃乱乃萃。若号,一握为笑,勿恤。❸往,无咎。《象》曰:"乃乱乃萃",其志乱也。

六二:引吉,无咎。孚乃利用禴。❹《象》曰:"引吉,无咎",中未变也。

六三:萃如嗟如,无攸利。往,无咎,小吝。《象》曰:"往,无咎",上巽也。

## 注释

❸ 诸家对这一段爻辞的解释,都建立在对初六与整个卦象作考察的基础之上,然而说法不尽一致,但又都注意到初六与九四的相应关系(譬如王辅嗣注,李氏《集解》引虞注,王夫之《周易内传》卷三等等)。今引录孔疏如下:"初六有应在四而三承之。萃聚之时,贵于近合。见三承四,疑四与三始以中应相信,不以他意相阻,故曰'有孚不终'也。既心怀嫌疑,则情意迷乱,奔驰而行,萃不以礼,故曰'乃乱乃萃'。"这实际上是在做心理分析并据此做出推断。"若号,一握为笑",本来就很像文学作品中的所谓描写,治《易》诸家探其底蕴,自然可以众口异词。闻一多先生说:"号为号咷,哭也","一握"与"咿喔""嗌喔"同。"'若号,一握为笑',谓初似号哭,忽变而为笑。此与《同人》九五'先号咷后笑',

同为先凶后吝之象，故占曰‘勿恤，往无咎’。”按：闻先生以文学家兼语言学家之气质，对《周易》及其他古典文献作探索，往往能发前人所未发，这就是一个好例子。

❹“引吉”，闻一多先生以为“引疑当为弘”，六二“引吉”犹九四“大吉”。高亨先生《周易古经今注》发表了与闻先生相同的见解。我们原以为殷墟甲骨卜辞有“弘吉”一词，《周易·萃》“引吉”之“引”为“弘”字形讹一说应该可信。后来读于豪亮先生《说引字》一文，知道研契诸家释作“弘”的那个字本应释为“引”字，因为同一时期、同一字体的卜辞中另有“大吉”，何必再用“弘吉”重复同样的意思呢？于氏认为《周易》并没有“弘吉”一词，《萃·六二》“引吉”不误，“引吉”就是长吉，和“大吉”的含义并不相同。今谓于氏说是，当从之。按：“孚乃利用禴”的禴（yuè），一作礿。《尔雅·释天》：“夏祭曰礿。”王辅嗣注把禴解释为“殷春祭名”，又说是“四时之祭省者也”。他把“孚”说成“忠信”，认为“处于中正而行以忠信，可以省薄于鬼神”。有不同于王注的讲法，不具录。

## 原文

九四：大吉，无咎。《象》曰：“大吉，无咎”，位不当也。

九五：萃有位，无咎。匪孚，元永贞。悔亡。《象》曰：“萃有位”，志未光也。

上六：赍咨涕洟❺，无咎。《象》曰：“赍咨涕洟”，未安上也。❻

## 注释

❺“赍咨涕洟”，李氏《集解》“咨”作“资”，引虞翻注：“赍，持。资，赙也。货财，丧称赙。自目曰涕，自鼻称洟。坤为财，巽为进，故赍资也。”虞注解释了“赍资涕洟之哀”的来由，可以算是他的一家之言。今按：赍（jī），这里是怀抱、携带的意思。王辅嗣本作“赍咨”，解释为“嗟叹之辞”，是否勉强说得过去，还可考虑；若是“赍资”，就更不必说是“嗟叹”了。但虞注何以说“赍资”的“资”

就是赙呢？大概是因为带着货财而痛哭流涕，总该有个什么原因吧。又因为据说发现了"上体大过死象"，所以就有了"资，赙也"一说。这当然不是唯一的说法。我们认为"赍资"固然不必是"嗟叹"的意思，而以理解为"带着货财"的意思较为直截了当，但是痛哭流涕的原因为什么就一定是哀死呢？为什么不能另有他故呢？这一类问题是不能拒而不作答的。《周易》留给人们发挥想象的空间太多，所以有众说纷纭、百家争鸣而很可能永远莫衷一是的局面。

❻ 王辅嗣注："处聚之时，居于上极。五非所乘，内无应援；处上独立，近远无助：危莫甚焉。"这该是《萃·上六》所附《象传》"未安上也"的具体内容了。可见这里所谓"上"与"上六"之爻位相关，正如"六二"所附《象传》"中未变也"之"中"即指本爻处中之位一样。

# 升

## 导读

李氏《集解》引郑氏说："升，上也。坤，地。巽，木。木生地中，日长而上，犹圣人在诸侯之中，明德日益高大也，故谓之升。升，进益之象矣。"无论怎么讲，升总是由低而高，由小而大，总是图进步，图发展。这里用得上一个伟人的话："发展才是硬道理。"当然应该注意还有另一种"升"，那就是《诗·角弓》说的那种"升"。我们认为本卦实有一中心思想，这就是君子力求上进（"升阶"），其途径，至少由战功达到目的是光明正大的。

## 原文

☷巽下坤上　升：元亨。用见大人，勿恤。南征，吉。❶

（《象》）〔《彖》〕曰：柔以时升。巽而顺，刚中而应，是以大亨。"用见大人，勿恤"，有庆也。"南征，吉"，志行也。

《象》曰：地中生木，升；君子以顺德，积小以高大。[2]

## 注释

❶ “大人”，《集解》引荀爽说是“天子”，孔疏说是“大德之人”。能得到“大人”的帮助，进步（“升阶”）肯定会快些。“勿恤”，不必发愁。古代（譬如先秦）军礼先行卜筮吉凶，这里“南征，吉”实为卜问征战可行与否的结果。南征可获神佑，立战功以求升阶，志愿可嘉。

❷ “顺德”，“顺”一作“慎”（如李氏《集解》本）。按：“顺”与“慎”义各不同，作“顺”义长。“集小以高大”，有的本子（如《集解》本）“以”下有“成”字。“积小以成高大”，虞注从卦爻之象证成之。王伯申认为经文本来没有“成”字，其说可信。这里《大象》说得有理，其实也可以从常识来理解，高大本是积累而成。

## 原文

初六：允升，大吉。《象》曰：“允升，大吉”，上合志也。

九二：孚乃利用禴，无咎。《象》曰：九二之孚，有喜也。[3]

九三：升虚邑。《象》曰：“升虚邑”，无所疑也。[4]

## 注释

❸ 《升·九二》爻辞与《萃·六二》爻辞基本相同。《升·九二》所附《象传》言及“九二之孚”，与《春秋左传》庄公十年“小信未孚”之孚义同，杜注：“孚，大信也。”孔疏：“孚亦信耳。”说得更明白点：祭祀神灵，必须怀抱虔诚的心情，不可欺骗神灵，不然就得不到神灵护佑（“神弗福也”）。祭以孚，得到神助，终能建功立业，当然“有喜”了。

❹ 《升·九三》“升虚邑”，应与《诗·鄘风·定之方中》“升彼虚矣”句义同。《诗》：“升彼虚矣，以望楚矣。”毛传：“虚，漕虚也。楚丘有堂邑者。”可见“升虚邑”正与卦辞“南征”相应。《诗》又说：

“卜云其吉,终然允臧。”既如此,可以“无所疑也”。《诗》《易》相合有如此者。《诗》《礼》相依,学人多已知之。《易》反映礼制精神,学人知之者尚少。

## 原文

六四:王用亨于岐山[5],吉,无咎。《象》曰:“王用亨于岐山”,顺事也。

六五:贞吉。升阶。《象》曰:“贞吉”“升阶”,大得志也。[6]

上六:冥升,利于不息之贞。[7]《象》曰:冥升在上,消不富也。

## 注释

[5] “王用亨于岐山”,与《随卦》上六爻辞“王用亨于西山”意思相近,都是说周王祭祀的事。

[6] “升阶”,王辅嗣注说是“升得尊位”,孔疏说这里指“六五以柔居尊位”。我们认为“升阶”就是上进,就是发展,可以算是“得志”的表现。居今日而论,也可以这样看。但是,求个人之“升阶”的志愿,应该融入图中华民族在世界民族之林“升阶”的伟大事业中。

[7] 《集解》引荀爽的说法:“坤性暗昧,今升在上,故曰冥升也。阴用事为消,阳用事为息。阴正在上,阳道不息,阴之所利,故曰利于不息之贞。”孔疏:“冥犹暗也。处升之上,进而不已,则是虽冥犹升也,故曰冥升。”我们认为所谓“冥升”自与上六爻位有关,荀、孔的解说可以参考。

# 困

## 导读

本卦六爻不离困境。孔疏:“困者,穷厄委顿之名。道穷力竭,不能自济,故名为困。”又说:“小人遭困,则穷斯滥矣。君子遇之,则不改其操。”

"君子遇困,安其所遇,虽居险困之世,不失畅悦之心,故曰'险以说,困而不失其所亨'也。"这既是对《困卦》及其《彖辞》的解释,也说出了君子在困顿面前应有的态度。船山先生认为《困卦》"专取象于人事",他说得对。

## 原文

☱坎下兑上 困:亨。贞,大人吉。无咎。有言不信。

《彖》曰:《困》,刚掩也。险以说,困而不失其所亨,其唯君子乎!"贞,大人吉",以刚中也。"有言不信",尚口乃穷也。[1]

《象》曰:泽无水,困;君子以致命遂志。[2]

## 注释

❶ "《困》,刚掩也",《集解》引荀爽注:"谓二、五为阴所掩也。""险以说"句以下,王辅嗣注:"处险而不改其说,困而不失其所亨也。"孔疏:"坎险而兑说,所以困而能亨者,良由君子遇困,安其所遇,虽居险困之世,不失畅说之心。"船山先生读"困而不失其所"为一句,他说:"知命则乐天,险而说矣。刚中正位,则不失其所……"这样讲,也许更准确。"以刚中",就是船山先生所谓"刚中正位"。信为交际之本。失信则有言等于无言。失信,则如孔疏所说:"徒尚口说,更致困穷。"

❷ 兑为泽,坎为水,兑在坎上,泽中无水,这当然是"困"了。君子为"遂志"而"致命",实舍生取仁之事。

## 原文

初六:臀困于株木,入于幽谷,三岁不觌。[3]《象》曰:"入于幽谷",幽不明也。

九二:困于酒食,朱绂方来。利用享祀。[4]征,凶。无咎。《象》曰:"困于酒食",中有庆也。

## 注释

❸《汉书·艺文志》:"刘向以中《古文易经》校施、孟、梁丘经,或脱去'无咎''悔亡'。"《困卦》初六爻辞这里是不是脱"悔亡"二字或"凶"字,无他证,不可知。入于幽谷,到处看不清,荆棘刺人,头脸受伤,岂止臀部而已?如果不尽快走出幽谷,长年不见天日,该多么困苦!依情理推想,这里应有"贞吝"或"凶"字。

❹撇开所谓爻位说的解释姑且不论,这里与"享祀"有关应无疑义。绂(fú),这里音义同黻。李鼎祚认为"朱绂宗庙之服",今从其说。而宗庙之祭不可无酒食,那么"困于酒食"只有两个意思:一是暂时为酒食之乏所困,因为当时统治阶层重视祭祀,乏酒食而不能行祭祀是他们感到难以安心的事;二是祭祀之后的宴享让人困于酒食,那可是酗酒的后果了。

## 原文

六三:困于石,据于蒺藜。入于其宫,不见其妻。❺凶。《象》曰:"据于蒺藜",乘刚也。"入于其宫,不见其妻",不祥也。

九四:来徐徐,困于金车。❻吝,有终。《象》曰:"来徐徐",志在下也。虽不当位,有与也。

## 注释

❺《周官·大司寇》"以嘉石平罢民",《围师》"茨墙则翦阖",可证古代有用茨盖墙的设施,而监狱里有嘉石之设。根据这一类文献资料,李镜池先生认为《困卦》六三爻辞"困于石"之石当即嘉石之类,而"蒺藜"当即监狱墙上的茨(刺)类植物。这里问题在于:既然入了监狱,怎么接着说"入于其宫,不见其妻"呢?由是李先生把"入于其宫"两句说成"期满释放回家"的事。这样,应该算把事情说通了,可是终不如闻一多先生解说为"逾东家墙而搂其处子"较为直切。(看《璞堂杂识》"据于蒺藜"条)

❻《音义》:"徐徐,疑惧貌。马云:'安行貌。'子夏作荼荼。翟同。荼音图。云:'内不定之意。'王肃作'余余'。"按:李氏《集解》本《困卦》九四爻辞作"来荼荼,困于金舆"。徐徐,余余,荼荼,可以视为音义相同。金舆自是金车。既然是"困于金车",那么,"来徐徐"不应该是"安行貌",而只能是"疑惧貌",表现了"内不定之意"。有金车用于婚礼的说法,还有说金车为诸侯受封地得天子所赐的说法,更有金车作囚车用的解释,可惜无法从卦象爻辞找到确据。

## 原文

九五:劓刖,困于赤绂,乃徐有说。利用祭祀。❼《象》曰:劓刖,志未得也。"乃徐有说",以中直也。"利用祭祀",受福也。

上六:困于葛藟,于臲卼。❽曰动,悔,有悔。征,吉。《象》曰:"困于葛藟",未当也。"动,悔,有悔",吉行也。

## 注释

❼"劓(yì)刖(yuè),古代割鼻子砍脚的酷刑。李氏《集解》引崔憬注:"赤绂,天子祭服之饰。所以称'困'者,被夺其政,唯得祭祀,若《春秋传》曰'政由宁氏,祭则寡人',故曰'困于赤绂'。居中以直,在困思通,初虽暂穷,终则必喜,故曰'乃徐有说'。所以险而能说,穷而能通者,在'困于赤绂'乎! 故曰'利用祭祀'也。"按:崔氏的讲法可供参考。

❽《诗·周南·樛木》《大雅·旱麓》、刘向《九叹》有"葛藟"。藟,读 lěi。《周易音义》:"藟,力轨反,似葛之草。"《毛诗草木疏》以及《说文》王注、桂注都以为葛、藟是两种植物。臲(niè)卼(wù),不安定的意思。为葛藟所困,比喻遭到困扰。因为得不到安定而觉得困苦,也可以说是由于遭到外物困扰而觉得不安定。王辅嗣注:"处困之极,行无通路,居无所安,困之至也。凡物穷则思变,困则谋通,处至困之地,用谋之时也。"他对上六爻辞的解释是有道理的,他这个话本身也很精彩。

# 井

## 导读

《集解》引郑氏与荀爽，都说本卦有井之象。孔疏："井者，物象之名也。古者穿地取水，以瓶引汲，谓之为井。此卦明君子修德养民，有常不变，终始无改。养物不穷，莫过乎井，故以修德之卦，取譬名之井焉。"今按：本卦显然有一中心内容，六爻没有离开井而言事者。船山先生说到《井》之数义，读卦爻辞，应知其说未必都可信。譬如他说《井卦》"有木道焉，引而上之，以致养于人"，此义可信；他说《井卦》反映了黄帝至三代的井田制，此义不见于卦爻辞，恐怕是大而无当了。李镜池先生认为《井》"卦爻辞主要是反映当时的阶级斗争"，我辈觉悟不高，看不出这个主题。从《井·九三》爻辞"王明，并受其福"句，我们推测其中应有"喝水不忘挖井人"的意思。

## 原文

䷯巽下坎上　井：改邑不改井，无丧无得，往来井井。汔至，亦未繘井，羸其瓶，凶。❶

《彖》曰：巽乎水而上水，《井》。井，养而不穷也。"改邑不改井"，乃以刚中也。"汔至，亦未繘井"，未有功也。"羸其瓶"，是以凶也。

《象》曰：木上有水，井；君子以劳民劝相。❷

## 注释

❶ "汔至，亦未繘井"，王辅嗣注："已来至而未出井也。"《音义》："汔，徐许讫反，注同，几也。"又说："繘，音橘……郑云：'绠也。'《方言》云：'关西谓绠为繘。'郭璞云：'汲水索也。'"按：这里繘应该理解为动词，"未繘井"就是未汲水于井。依王氏父子的说

法，繘与矞通，依《广雅》训"出"，"未繘井"者，虽汲水于井而尚未出也，则王辅嗣注是对的。闻一多先生说繘读为矞，矞井犹掘井。我们这里不赞成闻先生改读，因为卦辞开头已经说明"改邑不改井"。城邑改建，水井依旧。"羸其瓶"，李氏《集解》说是"瓶缺漏"。快到井边了，尚未汲水，可是盛水的瓶破裂了，这真是凶兆。依王氏父子的说法，意思是汲水已拉到井口，但尚未出井，而瓶忽然破裂。

❷ 王辅嗣注："相犹助也。"《集解》认为"劝相"就是劝告阳帮助坤，自是就全卦爻象而言。我们的看法：既然是"劳民"，那么，"劝相"可能是"劳民"的一种方式，"相"可能是《荀子·成相》的"相"，劝相就是劝成相。

## 原文

初六：井泥不食。旧井无禽。《象》曰："井泥不食"，下也。"旧井无禽"，时舍也。

九二：井谷射鲋，瓮敝漏。❸《象》曰："井谷射鲋"，无与也。

九三：井渫不食，为我心恻，可用汲。王明，并受其福。❹《象》曰："井渫不食"，行恻也。求王明，受福也。

## 注释

❸ 《音义》引郑君对"瓮"的解释说："亭水器也。"《说文》作"罋"："汲瓶也。"按：这个字读 wèng。《音义》又说："鲋音付，鱼名也。《子夏传》：谓蛤蟆。"井底只剩下蛤蟆了，盛水的瓮也破裂漏水了，这当然都不是好事情。王伯申认为《子夏传》将"鲋"说成"蛤蟆"不对。依《象传》，射鲋与卦爻之义"无与"，这样也能讲通。又按："瓮敝漏"，竹书《周易》作"隹袳缕"。整理者谓"隹"就是"唯"，袳缕是破旧衣服，这样就与"瓮敝漏"有不同的意思了。帛书《周易》作"唯敝句"，意思又有区别。

❹ 孔颖达等疏："渫，治去秽污之名也。井被渫治，则清洁可食。九三处下卦之上，异初六井泥之时，得位而有应于上，非射鲋之象。但井以上出为用，犹在下体，未有成功；功既未成，井虽渫治，未食也，故曰'井渫不食'也……为犹使也。井渫而不见食，犹人修己全洁而不见用，使我心中恻怆，故曰'为我心恻'也……井之可汲，犹人可用。若不遇明王，则滞其才用；若遭遇贤主，则申其行能。贤主既嘉其行，又钦其用，故曰'可用汲，王明，并受其福'也。"按：孔疏这个讲法，应该是可以讲通的，因为确实有滞才弃贤而不用的事。闻一多先生把渫解说为汙，"心读为沁"，"恻读为测"，以为"井水汙渫，为我沁测之，尚可以汲"，一则改字显得迂曲，二则意思令人生疑（既然井水汙渫，汲之何用），其说实不可取。

## 原文

六四：井甃，无咎。❺《象》曰："井甃，无咎"，修井也。

九五：井洌，寒泉，食。《象》曰："寒泉"之食，中正也。

上六：井收勿幕，有孚，元吉。❻《象》曰：元吉在上，大成也。

## 注释

❺ 甃（zhòu），《音义》："《子夏传》云：'修治也。'干云：'以砖垒井曰甃。'《字林》云：'井壁也。'"今按：把井修好，对解决饮水问题而言，自然可以说"无咎"了。

❻ 王辅嗣注："处井上极，水已出井，井功大成，在此爻矣，故曰'井收'也，群下仰之以济，渊泉由之以通者也。幕犹覆也，不擅其有，不私其利，则物归之，往无穷矣，故曰'勿幕，有孚，元吉'也。"王注这样解释《井卦》上六爻辞，较为顺畅好懂。坎为水，"水已出井"，大众用之就好，怎么能盖着而"擅其有"呢？李氏《集解》引虞注："'有孚'谓五坎，坎为孚，故'元吉'也。"又引干注说："井水养生，政以养德。无覆水泉而不惠民，无蕴典礼而不兴教，故曰

‘井收网幕’。网幕则教信于民，民服教则大化成也。”干氏把“勿”读成“网”，把“孚”解释为“信”；依他的说法，“大化成”当然就是“元吉”了。按：干注之“网”应该就是“罔”字。虞注：“幕，盖也。”则“网幕”就是不盖，没有加上盖子。又，竹书《周易》将《井卦·上六》爻辞写作“荥朻勿寞，又孚元吉”，整理者濮君解释说：“荥受救治，不再冷落、荒废。‘又孚’，读为‘有复’，又恢复了原状。《象》曰：‘元吉在上，大成也。’”这样讲，倒也生动有趣，颇为别致。

# 革

## 导读

《集解》引郑氏注：“革，改也。水火相息而更用事，犹王者受命，改正朔，易服色，故谓之‘革’也。”孔疏：“革者，改变之名也。此卦明改制革命，故名‘革’也。”船山先生既指出“革”的本义为“治皮之事”，又言及社会革命的意义。今按：本卦《彖传》肯定的“革命”，在中国近现代史上赢得的反响，没有人能够否认。我们讴歌革命，理应重视《革卦》的启示意义。

## 原文

䷰离下兑上　革：巳日乃孚。[1]元亨，利贞。悔亡。

《彖》曰：《革》，水火相息，二女同居，其志不相得，曰“革”。“巳日乃孚”，革而信之。文明以说，大亨以正。革而当，其悔乃亡。天地革而四时成。汤武革命，顺乎天而应乎人。《革》之时大矣哉！[2]

《象》曰：泽中有火，革；君子以治历明时。

初九：巩用黄牛之革。《象》曰：“巩用黄牛”，不可以有为也。

六二：巳日乃革之。征，吉。无咎。《象》曰：“巳日革之”，行有嘉也。

九三:征,凶。贞厉。革言三就,有孚。《象》曰:“革言三就”,又何之矣?

**注释**

❶ “巳日乃孚”,李氏《集解》引干宝注:“天命已至之日也。‘乃孚’,大信著也。”是将“巳”读为“已”。王辅嗣注:“革之为道,即日不孚,已日乃孚也。”似也读作“已”字。李镜池先生《周易通义》说“巳借为祀”。我们认为这里应以李说为是。“巳日乃孚”:“巳”字与《损卦》初九爻辞“巳事遄往”之“巳”相同;“孚”字与《升卦》九二爻辞及其所附《象辞》之“孚”相同,所以《革卦》所附《彖传》说“革而信之”。按:“巳日”,竹书《周易》作“攺日”,字异而义近。

❷ 《革卦》所附《彖传》,可以说是我国古籍中表示赞成并且颂扬革命的比较早的文献。孔颖达等疏对《革卦》所附《彖传》的重大意义作了比较准确的阐发。《周易》在本质上是推动变易、鼓吹革命的,《革卦》是最好的例证。《革卦》九四爻辞“改命,吉”可以算是最简单而又最明确的革命宣言,治《易》者不应忽视。

**原文**

九四:悔亡。有孚,改命,吉。《象》曰:“改命”之吉,信志也。

九五:大人虎变。未占,有孚。《象》曰:“大人虎变”,其文炳也。

上六:君子豹变,小人革面。❸征,凶。居,贞吉。❹《象》曰:“君子豹变”,其文蔚也。“小人革面”,顺以从君也。

**注释**

❸ 对于《革卦》九五爻辞“大人虎变”、上六爻辞“君子豹变”,闻一多先生作了准确的解说:“虎变豹变,犹言虎文豹文,故象传曰:‘其文炳’,‘其文蔚’。”“‘大人虎变’即《玉藻》之君车以虎皮为饰,‘君子豹变’即大夫士车以豹皮为饰。”关于上六爻辞“小人革

面”，闻先生的解释是：“面读为鞔。”“革鞔即车之以革为覆者。”“《公羊传》昭二十五年何注曰：‘礼，大夫大车，士饰车’，与《易》义相会。”王伯申说：“革面者，改其所乡而乡君也。”这样说也可以把原文讲通。

❹ 本卦六段爻辞，非“革”即“改”或“变”，不离宗旨。其中对“孚”的重视，也应引起治《易》者注意。至于“顺天应人”“治历明时”的思想，仍可借鉴。还应该看到：其中不可能没有历史局限的痕迹，“大人”“君子”“小人”的提法就是证明。

# 鼎

## 导读

王辅嗣注：“革去故而鼎取新……《鼎》者，成变之卦也。”李氏《集解》引韩康伯注有同样的说法。孔颖达等人为卦辞与王注作疏，说道：“鼎者器之名也。自火化之后铸金而为此器……然则鼎之为器且有二义：一有亨饪之用，二有物象之法……此卦明圣人革命，示物法象，惟新其制有《鼎》之义，以木巽火有《鼎》之象，故名为‘鼎’焉。”今按：历来有革故鼎新的说法。然而细读《鼎卦》爻辞，我们竟然未能察觉旧注疏揭示的意义。“鼎新”本是好事，可是有治《易》专家（譬如李镜池先生）解说此卦并不以旧注疏为然，甚至干脆不提。我们也认为这个卦的旧注疏未必符合原意。本卦中心内容就是鼎的种种情形，其中可能有象征意义（或者说是寓义）。

## 原文

䷱巽下离上　鼎：元（吉）亨❶。

《彖》曰：《鼎》，象也。以木巽火，亨饪也。圣人亨以享上帝，而大亨以养圣贤。巽而耳目聪明，柔进而上行，得中而应乎刚，是以“元亨”。

《象》曰：木上有火，鼎；君子以正位凝命。❷

初六：鼎颠趾，利出否。得妾以其子。无咎。《象》曰："鼎颠趾"，未悖也。"利出否"，以从贵也。

九二：鼎有实，我仇有疾，不我能即。吉。《象》曰："鼎有实"，慎所之也。"我仇有疾"，终无尤也。

## 注释

❶ 吉字衍，由下彖辞可知。又，由辞例句法也可以做出这个判断，《周易》卦爻辞无"元吉亨"三字连言之者。这里问题在于：王辅嗣注可以证明注者所见《周易》本有"吉"字。是"吉"字之衍已久。

❷ 王辅嗣注："凝者，严整之貌也。鼎者，取新成变者也。革去故而鼎成新。正位者，明尊卑之序也。凝命者，以成教命之严也。"按：《革卦》与《鼎卦》的实质，《杂卦》已有指示，说是"革，去故也；鼎，取新也"。《鼎卦》王注多次发挥这一见解，疏不破注，所以孔疏也多处强调革故鼎新的宗旨。

## 原文

九三：鼎耳革，其行塞。雉膏不食，方雨亏悔。终吉。《象》曰："鼎耳革"，失其义也。

九四：鼎折足，覆公𫗧，其形渥。凶。[3]《象》曰："覆公𫗧"，信如何也？

六五：鼎黄耳金铉，利贞。《象》曰："鼎黄耳"，中以为实也。

上九：鼎玉铉，大吉，无不利。《象》曰：玉铉在上，刚柔节也。[4]

## 注释

❸ 初六爻辞"鼎颠趾"，说的是鼎足倒覆。九四爻辞"鼎折足"，显然是说鼎足折断了。𫗧（sù），不少治《易》者解释为粥，有《说文》为依据。李鼎祚《集解》："案，𫗧者雉膏之属。"这就是说：九四之

"悚"与九三爻辞所谓"雉膏"之食相同。李氏注意到上下爻辞的内部联系,应该也有道理。"其形渥",《集解》本"形"作"刑",引虞翻注解说为"大刑"。《音义》解释"形渥",说郑注本作"刑剭"。剭是重诛,这当然算是"凶"了。

❹ 六五爻辞"金铉",上九爻辞"玉铉",铉读 xuàn,指横贯鼎耳以扛鼎的长棒。又,《鼎卦》初六至九四爻辞韵协,初六以下诸象辞也各有相应协韵的句子。譬如九三象辞"失其义也",与九四象辞"信如何也"协韵,"义"与"何"在曾运乾先生《谐声谱》的阿摄(段《表》第十七部)。

# 震

## 导读

这里卦辞与六爻辞不离"震"字。《集解》引郑氏说:"震为雷。雷,动物之气也。雷之发声,犹人君出政教以动中国之人也,故谓之震。"辅嗣注:"震之为义,威至而后乃惧也。"又说:"震者,惊骇怠惰以肃解慢者也。"孔疏:"震,动也。此象雷之卦,天之威动,故以'震'为名。"船山先生关于《震卦》也有结合卦爻象的精辟的分析。龚定庵诗:"九州生气恃风雷。"我们的先哲已经注意到雷震的威慑与警醒作用。对于雷震,我们的态度是:不但不怕,而且期待。《震卦》的启示意义大约正在于此。有学者认为《震卦》之"震"即周王季历(周文王姬昌之父),《震卦》即以其人得名,《震卦》爻辞所记应是季历一生的行事。① 这样讲,可备一说。

## 原文

䷲震下震上　震:亨。震来虩虩,笑言哑哑。震惊百里,不丧匕鬯。❶

① 请看刘先枚《释"震卦"》一文(收入中华书局 1963 年《文史》第二辑)。

《象》曰:《震》,亨。“震来虩虩”,恐致福也。“笑言哑哑”,后有则也。“震惊百里”,惊远而惧迩也。〔“不丧匕鬯”,〕[2]出可以守宗庙社稷,以为祭主也。

**注释**

❶ 震为雷。虩(xì)虩,《音义》引马融注:“恐惧貌。”又说:“郑同。荀作愬愬。”关于“哑哑”的解释,《音义》说:“马云:笑声。郑云:乐也。”卦辞的意思是:雷声无所不通。有人听到雷响,感到恐惧。有人不怕雷鸣,仍然笑语不断。雷声震动百里,但还是有人镇定自若,照常举杯喝香酒,挥匕取菜肴。主张“震”为王季历的学者认为卦辞说的是季历的声威和风度。这样讲,不如旧说顺畅。

❷ 这一句,据文义句法及王弼注、孔颖达疏补入。程颐《易传》、朱熹《周易本义》也认为应该有这一句。

**原文**

《象》曰:洊雷,震;君子以恐惧修省。[3]

初九:震来虩虩,后笑言哑哑,吉。《象》曰:“震来虩虩”,恐致福也。“笑言哑哑”,后有则也。

六二:震来厉,亿丧贝,跻于九陵[4]。勿逐,七日得。《象》曰:“震来厉”,乘刚也。

六三:震苏苏。震行无眚。《象》曰:“震苏苏”,位不当也。

**注释**

❸ 洊(jiàn),这里音义与“荐”同。《尔雅·释言》:“荐,再也。”洊雷也就是重复之雷,《震卦》本来就是由上下两个震组合而成的。雷上有雷,其震动程度可知。君子常有一点恐惧感,居安思危,像曾子那样“吾日三省吾身”,就能做到少犯或不犯错误。

❹《音义》:“亿,本又作噫,同,于其反,辞也。六五同。郑于力反,

云:‘十万曰亿。’”按:所谓“六五同”,说的是六五爻辞“意无丧有事”之“意”与六二“亿丧贝”之“亿”相同,都只是语助词。我们认为这里“亿”“意”都与“臆测”之“臆”音义相同,揣度、预料的意思。认为“震”就是王季历的学者说:“九陵”就是鬼方,季历追踪鬼方,索取鬼方抢走的钱财。这样讲,倒也不悖原意。

## 原文

九四:震遂泥。《象》曰:“震遂泥”,未光也。[5]

六五:震往来厉,意无丧有事。《象》曰:“震往来厉”,危行也。其事在中,大无丧也。

上六:震索索,视矍矍。征,凶。震不于其躬,于其邻。无咎。婚媾有言。[6]《象》曰:“震索索”,中未得也。虽凶,无咎,畏邻戒也。

## 注释

❺ 主张“震”就是季历的学者认为:“震遂(坠)泥”,“显系凶象,也许即以双关王季历被杀的故事”。原文包含有周人难言的隐痛。这样理解,也讲得通。

❻ 索索,《音义》:“惧也。马云:‘内不安貌。’郑云:‘犹缩缩,足不正也。’”矍(古读俱缚反,用现代汉语拼音应该是jù,与今天读jué者实有差异)矍,《音义》:“马云:中未得之貌。郑云:目不正。”孔疏:“索索,心不安之貌。矍矍,视不专之容。”今按:“索索”,与六三“震苏苏”义近。索索、矍矍的表现,不能不令人产生“往征有凶”的感觉。朱熹说:“六五是‘生于忧患而死于安乐’。上六不全好,但能恐惧于未及身之时,可得无咎,然亦不免他人语言。”这样理解,大意不错。朱熹说的“不免他人语言”,应指《象辞》“畏邻戒也”句的意思。有学者认为上六爻辞“婚媾有言”的“言”字应作“愆”字解,“意思是说在婚姻方面有什么差池”。这样讲,这个“言”字与《需卦·九二》及其所附《象辞》“小有言”之“言”义同。我们认为这样说是对的。

# 艮

## 导读

艮(gèn),《音义》:“止也。郑云:艮之言狠也。”按:本卦彖辞也说“艮,止也”。《说卦》记“艮”的含义不少,而比较常见可信的意思是“艮为山,为径路”等。就本卦整体及其诸爻而言,“艮”用其“止”义为多(除了“兼山”一项,艮都是“止于某”的意思)。王辅嗣注:“《艮》者,止而不相交通之卦也。”孔疏:“艮,止也,静止之义。此是象山之卦,其以艮为名,施之于人,则是止物之情,防其动欲,故谓之止。”按:咸,感也。震,动也。《艮卦》的主旨恰与《咸》《震》两卦相对立,也就是静止与感动相对立。这也是矛盾的对立。应该说:感动与静止都是必要的,但是都不能过分。朱熹说:“《艮卦》是个最好底卦。”这个说法是不是“最好”,还可商量。他又说:“‘动静不失其时,其道光明’,又‘刚健笃实辉光,日新其德’,皆《艮》之象也。《艮》居外卦者八,而皆吉。”我们认为:朱熹说《艮卦》最好,其理由大约就在这里。他不是一点理由也没有的。

## 原文

䷳艮下艮上　艮其背,不获其身。行其庭,不见其人。无咎。

《彖》曰:《艮》,止也。时止则止,时行则行。动静不失其时,其道光明。艮其止,止其所也。上下敌应,不相与也。是以“不获其身,行其庭不见其人,无咎”也。

《象》曰:兼山,艮;君子以思不出其位。[1]

初六:艮其趾,无咎。利永贞。《象》曰:“艮其趾”,未失正也。

六二:艮其腓,不拯其随,其心不快。《象》曰:“不拯其随”,未退听也。

九三:艮其限,列其夤,厉熏心。[2]《象》曰:“艮其限”,危熏心也。

六四:艮其身,无咎。《象》曰:"艮其身",止诸躬也。

## 注释

❶ "兼山"显然是就卦体而言。艮为山,上艮下艮,自是兼山。"思不出其位",与《论语·宪问》记录的曾子的话"君子思不出其位"完全相同。《论语·泰伯》《宪问》都记有孔子说的"不在其位,不谋其政",早就表达了所谋所思不出其位的思想。

❷ 《集解》引虞翻注:"限,要带处也。""夤,脊肉。""厉,危也。""古阍作熏字,马因言熏灼其心。"王辅嗣注:"限,心之中也。""夤,当中脊之肉也。""危亡之忧,乃薰灼其心也。"按:辅嗣注可从。

## 原文

六五:艮其辅[3],言有序[4]。悔亡。《象》曰:"艮其辅",以中正也。

上九:敦艮,吉。[5]《象》曰:"敦艮"之吉,以厚终也。

## 注释

❸ 朱熹说:"《咸》《艮》皆以人身为象,但《艮卦》又差一位。"可是《艮》的卦辞"艮其背"属于人身,而《咸》的卦辞没有言及人身的具体部分。依俞荫甫《艮宦说》,"艮其背"本作"艮其北",则《艮》卦辞也与人身具体部分无关。就爻辞而言,《艮卦》初六之趾,六二之腓,九三之限(马郑荀虞都说这个"限"是人的腰部),六四之身,六五之辅,分别指人体某一部分,自下至上。这个顺序与《咸卦》多相同。在《周易》作者看来,无论静止或感动状态,都是有阶段、范围之分的。

❹ 这个"序",李氏《集解》本作"孚"。按:作序作孚,都可以讲通。

❺ 孔疏基本上据王辅嗣注做出解释:"敦,厚也。上九居《艮》之极,极止者也。在上能用敦厚以自止,不陷非妄,宜其吉也,故曰'敦艮,吉'也。"按:"敦厚"恒言,自无不可。王注说"敦重在上",据

卦体言之，当然也可以的。

# 渐

## 导读

《序卦》："渐者进也。"王辅嗣注："《渐》者，渐进之卦也。止而巽，以斯适进，渐进者也。"孔疏："渐者不速之名也。凡物有变移，徐而不速，谓之渐也。"又说："'山上有木，渐'者，木生山上，因山而高，非是从下忽高，故是渐义也……夫'止而巽'者，渐之美也。"这"山上有木"，自是据卦象而言了。上引注疏的重点是强调"渐进"，孔疏还发现了"渐之美"，有新意。船山先生更换了一个角度，但其实还是注重"渐进"的意思，他说："《渐》者，学、诲之善术也。"这样讲，可自成一说。所谓循序渐进，正是此意。又，竹书《周易》"澌""渐"两作，实即一字。我们认为《渐卦》与婚事有关，但是不赞成张皋文《虞氏易礼》判断《渐》"女归吉""谓请期之节"一说。请参看拙撰《经学札记三则》。

## 原文

☶艮下巽上　渐：女归，吉。利贞。[1]

《彖》曰：《渐》之进也，女归吉也。进得位，往有功也。进以正，可以正邦也。其位，刚得中也。止而巽，动不穷也。

《象》曰：山上有木，渐；君子以居贤德善俗。

初六：鸿渐于干，小子厉，有言，无咎。[2]《象》曰：小子之厉，义无咎也。

## 注释

❶ 孔疏："归，嫁也。女人生有外成之义，以夫为家，故谓嫁曰归也。妇人之嫁，备礼乃动，故渐之。所施吉在女嫁，故曰'女归吉'也。'利贞'者，女归有渐，得礼之正，故曰'利贞'也。"这一段卦辞是

不是总释卦义？如果是，那么，前文关于本卦的题解与"女归，吉"就该有联系了。可是本卦六段爻辞没有一个地方言及"女归"。我们认为对于《渐》之卦辞的解说只有三种。其一，卦辞并非总释全卦之义，而九三与九五两段爻辞既言及"妇孕"或"不孕"之事，则其妇应已嫁可知。其二，卦辞独立，与卦义无关，而这是不可能的。《周易》六十四段卦辞，没有任何一段与六爻根本没有联系的情况。其三，《渐》之卦辞总释卦义，与六段爻辞都有关系。换一个说法，就是可以指出：《渐卦》六爻都说到"女归"，除了九三之"凶"，其他五段爻辞，两"无咎"，三"吉"，情况是够好的了。根据什么说《渐》六爻都在说"女归"呢？根据就在于六爻都不离"鸿"字。《诗·邶风·新台》是一首与"女归"有关的诗，其中说："鱼网之设，鸿则离之。"鱼儿，鸟儿，都可以比喻匹偶。可惜以往很少人这样解说《渐》之卦义，我们的意见未必能为读者所接受。

❷ 王辅嗣注："鸿，水鸟也。适进之义，始于下而升者也，故以鸿为喻之。"孔疏："干，水涯也。渐进之道，自下升高，故取譬鸿飞自下而上也。初之始进，未得禄位，上无应援，体又穷下，若鸿之进于河之干，不得安宁也，故曰'鸿渐于干'也……始进未得显位，易致陵辱，则是危于小子而被毁于谤言，故曰'小子厉有言'。小人之言未伤君子之义，故曰'无咎'也。"今按：对于"鸿渐于干"的解释，治《易》诸家差别不大。只是由于对"小子"的认识颇有歧异，所以关于初六"小子厉"以下的爻辞的说法不能不产生较大的区别。这里所谓"小子"究竟是什么人？上引孔疏把"小子"与"小人"等同起来，可是也有说"小子"是大人物的。我们赞成孔疏的说法。

## 原文

六二：鸿渐于磐，饮食衎衎。[3]吉。《象》曰："饮食衎衎"，不素饱也。

九三：鸿渐于陆，夫征不复，妇孕不育。凶，利御寇。[4]《象》曰：

“夫征不复”，离群丑也。“妇孕不育”，失其道也。“利用御寇”，顺相保也。

## 注释

❸ 这个“磐”字，竹书《周易》作坚，与初六爻辞的“干”，九三的“陆”，六四的“木”，九五的“陵”，都是水鸟可以集止之地。王辅嗣注说“磐，山石之安者”，可备一说。衎(kàn)衎，快乐的意思。“饮食衎衎”，指生活快乐美满。

❹ 九三爻辞“鸿渐于陆”的“陆”，王辅嗣注说是“高之顶也”。《音义》引马融注：“山上高平曰陆。”可见水鸟所集之地，由于而磐而陆，渐进于高处。爻辞“妇孕不育”，竹书《周易》“不”作“而”。从上下文意看，作“不”是，竹书《周易》这里“而”恐是误书。帛书《周易》亦作“不”。又，九三爻辞“利御寇”，见于王辅嗣注本。而李氏《集解》本“利”下有“用”字；本爻象辞也作“利用御寇”，可为旁证。可是竹书《周易》所记《渐卦》九三爻辞无“用”字，帛书《周易》亦无之，故不拟补入。

## 原文

六四：鸿渐于木，或得其桷。❺无咎。《象》曰：“或得其桷”，顺以巽也。

九五：鸿渐于陵，妇三岁不孕，终莫之胜。吉。《象》曰：“终莫之胜，吉”，得所愿也。

上九：鸿渐于陆，其羽可用为仪。吉。❻《象》曰：“其羽可用为仪，吉”，不可乱也。

## 注释

❺ 桷(jué)，《音义》引《说文》：“秦曰榱，周谓之椽，齐鲁谓之桷。”

❻ 上九之“陆”，《集解》本、孔疏本相同。江永、王引之、俞樾诸先生以为这上九之“陆”当作“阿”，于醴尊先生说此字当作陸(《说

文》陸之篆文作𡉚,实即堕字)。竹书《周易·渐卦》简残,上九爻辞不得而知,故不足为据。帛书《周易》作"陆",虽然作"陆"有可能是誊抄之误,但目前证据尚不足,所以不当轻改。宋人以为当作"逵",于音韵实疏。按:无论作"陆"作"逵",古音在曾星笠先生《韵谱》幽摄(段《表》第三部),而"仪"在曾先生《韵谱》阿摄(段《表》十七部),可知不应作"陆",不应作"逵"。(作"阿"或作"陸"的可能性不必排除。)朱熹《周易本义》:"上九至高,出乎人位之外,而其羽毛可用以为仪饰,位虽极高而不为无用之象,故其占为如是则吉也。"这样说,可供参考。

# 归妹

## 导读

王辅嗣注:"妹者,少女之称也。"孔疏:"妇人谓嫁曰归。归妹犹言嫁妹也。然《易》论归妹,得名不同。《泰卦》六五云'帝乙归妹',彼据兄嫁妹,谓之归妹。此卦名归妹,以妹从娣而嫁,谓之归妹,故初九爻辞云'归妹以娣'是也……"今按:注疏这些说法是对的。船山先生说:"归妹者,男舍其家,出而就女以为归也。"这个说法未免牵强。《泰卦》"帝乙归妹",未必是说帝乙出而就于某女。李镜池先生说《归妹》是婚姻专卦,反映了殷周时代的"媵制",联系本卦爻辞看,我们认为应该判断这个说法也是对的。《周易》婚姻专卦不限于《归妹》。既为专卦,自有其中心内容。请参看经文注。

## 原文

䷵兑下震上　归妹:征,凶。无攸利。[1]

《彖》曰:《归妹》,天地之大义也。天地不交而万物不兴。"归妹",人之终始也,说以动,所归妹也。"征,凶",位不当也。"无攸利",柔乘刚也。

## 注释

❶ 由卦辞“征,凶,无攸利”,可知本卦不如《渐卦》“女归”的“吉,利贞”。本卦六爻辞证明卦辞总释卦义并不离谱,因为六爻辞实在没有给人们带来皆大欢喜的任何印象。(六五爻辞虽然有个“吉”字,但同时也表现了礼容之不妥当。)本来,《归妹》应该是个好卦,因为如《彖传》所说,“天地之大义也”,如何能不好呢?然而终竟是非跛即眇,终竟是“愆期”“无攸利”。本卦不但反映了当时的婚姻制度,还告诉世人:不要乐极生悲啊!

## 原文

《象》曰:泽上有雷,《归妹》;君子以永终知敝。❷

初九:归妹以娣。❸跛能履。征,吉。《象》曰:“归妹以娣”,以恒也。“跛能履”,吉相承也。

## 注释

❷ 本卦《彖传》说:“归妹,人之终始也。”《杂卦》:“归妹,女之终也。”韩注:“女终于出嫁也。”李氏《集解》:“女终于嫁,从一而终,故女之终也。”本卦《大象》所谓“永终”,应该就是指归妹之终;所谓“知敝”(敝,《释文》作弊),应即孔疏所说的“知应有不终之敝”。

❸ 这里有必要解释“娣”的含义,《尔雅·释亲》:“女子同出,谓先生为姒,后生为娣。”郭注:“同出,谓俱嫁事一夫。《公羊传》曰:‘诸侯娶一国,二国往媵之,以侄娣从。娣者何?弟也。此即其义也。’”我们认为《周易·归妹》之娣,正宜取《尔雅·释亲》这个说法以及郭注作解。

## 原文

九二:眇能视。利幽人之贞。《象》曰:“利幽人之贞”,未变常也。[4]

六三:归妹以须,反归以娣。《象》曰:"归妹以须",未当也。[5]

九四:归妹愆期,迟归有时。《象》曰:"愆期"之志,有待而行也。

## 注释

[4] 《经义述闻》卷一"虞氏释贞以之正违失经义"条:"《归妹·九二》:'利幽人之贞。'《象》曰:'利幽人之贞,未变常也。'谓在内履中,能守其常,非谓动而之正也。"按:这里王伯申实用辅嗣注与孔疏的说法,比虞仲翔的说法好。

[5] 须,孔疏解释为"有待"。归妹以须,其原因,《象传》的解释是"未当也",孔疏以为是"未当其时,故宜有待也"。李氏《集解》引虞注认为是位未当,也从卦体爻位作出了说明。于醴尊先生《香草校书》卷四认为这里"须"就是"楚人谓姊为媭"之"媭"。以初九"归妹以娣"句式推论,于先生的解说可从,孔疏殆误。

## 原文

六五:帝乙归妹,其君之袂不如其娣之袂良。月几望,吉。[6]《象》曰:帝乙归妹,不知其娣之袂良也。其位在中,以贵行也。

上六:女承筐无实,士刲羊无血。无攸利。[7]《象》曰:上六"无实",承虚筐也。

## 注释

[6] 《泰卦》六五爻辞有"帝乙归妹"的记载。同样的话又出现在《归妹卦》六五爻辞,可见爻位之说不应弃之不顾。袂(mèi),衣袖。"其君之袂不如其娣之袂良",《象传》的解释是:"其位在中,以贵行也。"孔疏:"虽有其君崇饰之袂,犹不若以少从长之为美,故曰'不如其娣之袂良'也。"按:这里孔疏的说法很费解。李氏《集解》引虞注据卦象爻位作出的解释似不失为一说,其文较长,这

里不作摘录。“月几望”,《音义》说荀注本“几”作“既”。如果是“几望”,那就是快到望日(十五)的意思。如果是“既望”,那就是十六了。孔疏:“以贵而行,往必合志,故得吉也。”这样讲倒是可备一说的。

❼ 刲(kuī),割的意思。女士承筐而无实,诚如《象传》所说,那是“虚筐”。男士杀羊而无血,其羊应如王夫之《周易稗疏》卷二所说,“非特杀者”(王夫之《周易内传》卷四说是“自毙之羊”)。“士女皆以吝而废礼”,故“无攸利”。

# 丰

## 导读

《周易·序卦》:“丰者,大也。”《丰卦》所附《彖传》也这样说。它们说的只是“丰”字的常训。我们反复读《丰卦》,很少发现《序卦》《彖传》说的“丰”的意思。其实,本卦之“丰”主要是“丰其蔀”的意思。船山先生说:“此卦一阳载一阴于上(引者按:疑此‘上’当作‘下’),二阳载二阴于上。阴……得中而加于阳上,盛满而溢于所载,故谓之《丰》……以卦画言之,则阳受蔽于阴,为重叠覆障之象……非易处之卦也……故《丰》者,忧危之卦也,非德位兼隆,固当以为忧也。”他从爻位卦象发现其中的“忧危”,与卦爻辞实有部分相合。其实,船山之前很久,《周易·杂卦》说:“《丰》,多故也。”韩注:“丰大者,多忧故也。”这倒有点“生于忧患”的意思了。由此可知:《杂卦》也有说得好的地方,关于《丰卦》的说明符合原意,比《序卦》《彖传》义长。其他的意见,请看注释。

## 原文

䷶离下震上　丰:亨,王假之。❶勿忧。宜日中。

《彖》曰:丰,大也。明以动,故丰。“王假之”,尚大也。“勿忧,宜日中”,宜照天下也。日中则昃,月盈则食。天地盈虚,与时消息。而况于人乎?况于鬼神乎?[2]

## 注释

❶ 丰,《音义》:“象及《序卦》皆云‘大也’。案:丰是腆厚光大之义。郑云:‘丰之言腆,充满意也。’”王辅嗣注:“大而亨者,王之所至。”可见王注也把“丰”解说为“大”;而“王之所至”,分明是对“王假之”的解说,认为“假”是“至”的意思。《音义》:“假,庚白反,至也。下同。马古雅反,大也。”据《音义》,“假”读 gé,音义与“格”同,那就是王注说的“至”的意思;“假”读 jiǎ,那就是马融注说的“大”的意思。孔疏:“丰者多大之名,盈足之义。财多德大,故谓之为‘丰’。德大则无所不容,财多则无所不济。无所拥碍谓之为亨,故曰‘丰亨’……丰亨之道,王之所尚,非有王者之德不能至之,故曰‘王假之’也。”我们认为王注孔疏关于《丰卦》卦义的解说与原意有出入,请看本卦题解。

❷ “日中则昃”以下共六句,孔疏:“盛必有衰,自然常理。日中至盛,过中则昃。月满则盈,过盈则食。天之寒(著)〔暑〕往来,地之陵谷迁贸,盈则与时而息,虚则与时而消。天地日月尚不能久,况于人与鬼神而能长保其盈盛乎!勉令及时修德,仍戒居存虑亡也。”朱熹说:“《丰卦·彖》许多言语,其实只在‘日中则昃,月盈则食,天地盈虚,与时消息’数语上。这盛得极,常须谨谨保守得日中时候方得;不然,便是偃仆倾坏了。”“须是谦抑贬损,方可保得。”今按:上引孔疏与朱子的议论,都道出了《丰卦》所附《彖传》原意,十分精辟。

## 原文

《象》曰:雷电皆至,丰;君子以折狱致刑。

初九:遇其配主,虽旬无咎。往,有尚。《象》曰:“虽旬无咎”,过旬灾也。

六二:丰其蔀,日中见斗[3]。往,得疑疾。有孚发若,吉。《象》曰:"有孚发若",信以发志也。

九三:丰其沛,日中见沫。折其右肱。无咎。[4]《象》曰:"丰其沛",不可大事也。"折其右肱",终不可用也。

## 注释

❸ 蔀(bù),王辅嗣注:"蔀,覆暖障光明之物也。"虞翻注:"日蔽云中称蔀。"见斗,陆德明《周易音义》云:"孟作见主。"今按:帛书《周易》作斗,是也。作"主"亦通。《说文》:"主,灯中火主也。"日中见斗,其形甚微,见主之微更甚。

❹ 王辅嗣注:"沛,幡幔,所以御盛光也。沫,微昧之明也。"肱(gōng),胳膊。孔疏以为"三沛见沫虽愈于丰蔀见斗,然施于大事终不可用,假如折其右肱,自守而已,乃得无咎",这样讲,应该算讲通了。闻一多关于《丰卦》六二、九三爻辞的解说别有意境,他认为蔀斗义取双关,既指车盖之斗,也指天象之斗,而沫读为彗,《音义》说沛或作旆,那么两爻大意是:"蔀旆皆车服,斗彗皆星象,见旆而疑彗,犹见蔀而疑斗矣。"(《周易义证类纂》"丰其沛日中见沫"条)讲得实在巧妙。

## 原文

九四:丰其蔀,日中见斗。遇其夷主,吉。《象》曰:"丰其蔀",位不当也。"日中见斗",幽不明也。"遇其夷主,吉",行也。

六五:来章,有庆誉。吉。《象》曰:六五之吉,有庆也。

上六:丰其屋,蔀其家。窥其户,阒其无人,三岁不觌。凶。[5]《象》曰:"丰其屋",天际翔也。"窥其户,阒其无人",自藏也。

## 注释

❺ 窥(kuī),意思是:从隐蔽的地方(或缝隙、小孔)偷看。阒(qù),寂静的意思。李氏《集解》引干宝注:"阒,无人貌也。"孔疏:"屋

者，藏荫隐蔽之物也……既丰厚其屋，而又覆障其家，屋厚家暗，蔽障之甚也。虽窥视其户，而阒寂无人，弃其所处而自深藏也。处于丰大之世，隐不为贤，治道未济，隐犹可也。三年丰道已成，而犹不见，所以为凶。”这样讲，《丰卦》就与为隐之道有瓜葛了。另有与王注孔疏不同的说法，这里不一一罗列。朱熹说本卦“九四、上六二爻不可晓”，他大概不同意王注孔疏的说法。

# 旅

## 导读

《集解》引侯果的说法：“火在山上，势非长久，旅之象也。”孔疏：“旅者客寄之名，羁旅之称。失其本居而寄他方，谓之为旅。”船山先生说：“相从而行曰旅……以卦画言之，三阳皆在阴上，往也；阳为客，阴为主，阳之旅也……阳旅而阴从之以旅矣。”李镜池先生认为“这是一个商旅、行旅专卦”。我们认为：除了象辞“君子”及其下一句，本卦文字说的都是旅人旅途之事。上引诸家诸说可信。朱熹曾经对《旅卦》表示不解，他说：“不知圣人特地做一个卦说这旅则甚。”我们认为：对《旅卦》与相关的旅行实践和旅游事业的认识，牵涉个人以至国家的知行观，关乎社会的开放程度以及发展规模，因为文明的进程总离不开眼界（视野）的开阔与经验的交流。先哲作《旅卦》，是他们旅行生活的总结，是当时社会文明程度的反映。《周易》本是数代先哲的智慧层叠积累的产物，其内容之丰富，也表现在本书反映社会生活的不同角度或不同侧面。又，竹书《周易》“旅”作“遊”，旅遊自是一字。

## 原文

䷷艮下离上　旅：小亨。旅贞吉。

《彖》曰：《旅》“小亨”，柔得中乎外而顺乎刚，止而丽乎明，是以“小亨，旅贞吉”也。《旅》之时义大矣哉！

《象》曰：山上有火，旅；君子以明慎用刑而不留狱。[1]

初六：旅琐琐，斯其所，取灾。[2]《象》曰："旅琐琐"，志穷灾也。

六二：旅即次，怀其资。得童仆，贞。《象》曰："得童仆，贞"，终无尤也。

## 注释

❶《旅卦》所附《大象》说的"君子以明慎用刑而不留狱"，与《丰卦》所附《大象》说的"君子以折狱致刑"，意义相近，都是我国古代刑法思想的反映。它们与所在卦的联系，都值得注意与研究。

❷ 琐琐，《音义》引马注："疲弊貌。"按：这里弊与疲意思相同或相近。（《国策·西周策》"秦欲攻周"章："兵弊于周。"注："弊，疲也。"）斯其所，《尔雅·释言》："斯，离也。"离开家园，旅途疲劳，甚至遭遇灾祸，这不是危言耸听。古人出门旅行，比现在困难得多，所以大多不如现在过旅游节的客人愉快。

## 原文

九三：旅焚其次，丧其童仆，贞厉。[3]《象》曰："旅焚其次"，亦以伤矣。以旅与下，其义丧也。

九四：旅于处，得其资斧，我心不快。[4]《象》曰："旅于处"，未得位也。"得其资斧"，心未快也。

## 注释

❸ 依李镜池先生的解释，本卦六二爻辞说的是商人带一笔钱到市场去买了一批奴隶，九三爻辞说的是奴隶们趁失火的机会逃跑，商人倒霉。这样讲，与《周易》时代社会的性质相符。（但李先生说"旅焚其次"是"商人所到的市场失火"，意思是"其次"指市场，恐未必准确。）

❹ "得其资斧"，《音义》："《子夏传》及众家并作'齐斧'。张轨云：'齐斧盖黄钺斧也。'张晏云：'整齐也。'应劭云：'齐，利也。'虞喜

《志林》云:‘齐当作斋。斋戒入庙而受斧。下卦同。’”按:若依张轨、虞喜的说法,《旅卦》九四爻辞的大意就应该是受赐黄钺的礼典了。问题在于:受黄钺之赐者为什么说“我心不快”呢?据古礼,受黄钺之赐,就是被委以重任,担当统帅出征或者镇守方面。莫非感到责任太重,压力太大,所以并不觉得愉快?另一种说法,如王辅嗣注:“斧所以斫除荆棘以安其舍者也……不得其次而得其资斧之地,故其心不快也。”孔疏:“九四处上体之下,不同九三之自尊。然不得其位,犹寄旅之人求其次舍,不获平坦之所,而得用斧之地,言用斧除荆棘然后乃处……所以其心不快也。”这样说,当然也只是出自想象,未必准确。还有别的说法,譬如李镜池先生说“资斧”是“钱财”,这当然也可以讲通原文。朱熹说:“旅中亦岂可无备御底物事?”则“资斧”可以做防身用了。在旅言旅,前面说的得黄钺,可以算是与军旅有关;“用斧除荆棘”而后有次舍,可以算是旅行,而旅行当然可以有商旅、游学等等:其实都可备一说。

## 原文

六五:射雉一矢亡,终以誉命。《象》曰:“终以誉命”,上逮也。

上九:鸟焚其巢,旅人先笑后号咷。丧牛于易。凶。[5]《象》曰:以旅在上,其义焚也。“丧牛于易”,终莫之闻也。

## 注释

❺“旅人先笑后号咷”,与“同人先号咷而后笑”正相反,然而都是有原因的。先笑,总是由于开始的事情没有碰到困难。后号咷,肯定是由于后来的事情很惨,令人伤心。比较而言,当然是先号咷而后笑好。其实号咷并不解决问题,笑也不必过分,凡事以平常心处之就可以了。丧牛于易,依顾颉刚先生、闻一多先生的讲法,应该与《大壮卦》六五爻辞“丧羊于易”说的是同一回事,指殷商王亥与有易氏之间发生的矛盾。丧牛羊甚至丢了性命,那当然只

能算是"凶"了。也有一些学者并未将"丧牛于易"与王亥联系起来讲。旅人而为行商(譬如贩牛),把财物(譬如牛)丢了,要是损失太大,哪能不伤心甚至号咷大哭呢?如同鸟窝对于鸟而言,窝被烧毁了,那可真是"凶"事。王注孔疏对"丧牛于易"的解释大意即如此。我们认为前一种解说于义为长。《周易》书中有些爻辞与先秦古史故事有关,应无可疑。

# 巽

## 导读

《序卦》:"巽者,入也。"《集解》引陆绩说:"巽为命令。重命令者,欲丁宁也。"虞翻、荀爽关于《巽卦》的解释与陆绩相似。王辅嗣注:"上下皆巽,不违其令,命乃行也。"孔疏:"巽者,卑顺之名。《说卦》云:'巽,入也。'盖以《巽》是象风之卦,风行无所不入,故以入为训。若施之于人事,能自卑巽者亦无所不容,然《巽》之为义,以卑顺为体,以容入为用,故受'巽'名矣。"又说:"此卦以卑巽为名,以申命为义。"王注孔疏实际上已经把前引诸说以及本卦《彖传》《大象》的意思囊括其中。朱子、船山先生并无异议。

## 原文

䷸巽下巽上　巽:小亨。利有攸往。利见大人。❶

《彖》曰:重巽以申命,刚巽乎中正而志行,柔皆顺乎刚,是以"小亨,利有攸往,利见大人"。

《象》曰:随风,巽;君子以申命行事。

## 注释

❶ 这个"巽"(xùn),是卦名。巽为风,见《说卦》。上巽下巽,是重巽之卦,这"天地之气溥畅而至"(宋玉《风赋》),自然无所不通。

《说文》段注:"孔子说《易》曰:'巽,入也。'巽乃逊之假借字。逊顺也。顺,故善入。"《周易·巽卦》王辅嗣注:"全以巽为德,是以'小亨'也……故申命行事之时,上下不可以不巽也。"孔疏:"上下皆巽,不为违逆,君唱臣和,教令乃行,故于重巽之卦以明申命之理。虽上下皆巽,命令可行,然全用卑巽,则所通非大,故曰小亨。"又说:"巽悌以行,物无违距,故曰'利有攸往'……然大人用巽,其道愈隆,故曰'利见大人',明上下皆须用巽也。"按:《巽卦》何以为"小亨"?何以利往利见?卦辞的含义,彖传并未说明白,倒是后出的王注孔疏已经说清楚了。

## 原文

初六:进退,利武人之贞。《象》曰:"进退",志疑也。"利武人之贞",志治也。

九二:巽在床下,用史巫纷若。吉,无咎。❷《象》曰:"纷若"之吉,得中也。

九三:频巽,吝。❸《象》曰:"频巽"之吝,志穷也。

## 注释

❷ 孔疏:"九二处巽下体,而复以阳居阴,卑巽之甚,故曰'巽在床下'……史谓祝史,巫谓巫觋,并是接事鬼神之人也。纷若者,盛多之貌。"这样解释,用义理的说解把爻位的观察与字词的训诂结合起来了。朱元晦说:"'用史巫纷若,吉',看来是个尽诚以祭祀之吉占。"用史巫,自与祭祀有关。船山先生《周易内传》卷四下:"史,撰辞告神者。阴有鬼神之道焉,故用史巫。"这样说,与《集解》引荀爽注相近,与孔疏以及朱子的说法可互参。

❸ 据《音义》,频一作嚬。《复卦》六三爻辞"频复",《音义》:"频,眉也。郑作颦,音同。马云:忧嚬也。"《巽卦》孔疏:"频者,频蹙忧戚之容也……既处巽时,只得受其屈辱也。频蹙而巽,鄙吝之道,故曰'频巽吝'也。"李氏《集解》引虞翻注:"频,頞也。谓二已变

三体坎艮，坎为忧，艮为鼻，故频巽。无应在险，故吝也。”虞注据爻之变位而言。频何以为颇，在虞氏看来无须解说。我们认为这里应以孔疏为是。

## 原文

六四：悔亡。田获三品。❹《象》曰：“田获三品”，有功也。

九五：贞吉。悔亡。无不利。无初，有终。先庚三日，后庚三日，吉。❺《象》曰：九五之吉，位正中也。

上九：巽在床下，丧其资斧。❻贞凶。《象》曰：“巽在床下”，上穷也。“丧其资斧”，正乎凶也。

## 注释

❹“田获三品”：“田”指田猎。“三品”的说法不一，有的认为指六四之下三爻（三爻各指一种禽或兽），有的认为指上杀、次杀与下杀（“尊神敬客之义也”），也有认为指多种禽兽（“三”表示多数）。我们赞成“尊神敬客”而有三杀的说法。

❺《蛊卦》有“先甲三日，后甲三日”的说法。王辅嗣注：“甲，庚，皆申命之谓也。”朱熹不用辅嗣注，他说：“《蛊》之‘先甲三日’是辛，‘后甲三日’是丁。此卦‘先庚三日’亦是丁，‘后庚三日’是癸。”王伯申《经义述闻》卷一认为辅嗣注“诚未安矣”，他说：“先甲三日，后甲三日，先庚三日，后庚三日，皆行事之吉日也。”《蛊》用先后甲之辛与丁，《巽》用先后庚之丁与癸，王伯申例举文献为证，又据《蛊》《巽》之互体证成其说。王夫之《周易内传》卷四：“庚者，更新行事之义。故外事用刚日，而以庚为吉。‘先庚三日’而告之，初六始出令也。‘后庚三日’而复警以其不逮，六四申命也。”这是前承王弼而后启王氏父子（怀祖与伯申）的说法。我们认为朱夫子与王氏父子的说法是可取的，与辅嗣注以及船山的说法合而言之，最佳。又，《诗·荡》说“靡不有初，鲜克有终”，而《周易·巽》九五爻辞说“无初，有终”，义固相反而都有道理。

❻ 前文《旅卦》九四爻辞“得其资斧”句下注释,可参看。我们的意见:这里的“资斧”,应该与后来所谓“盘缠”(旅行费、路费)相当。

# 兑

## 导读

《序卦》:“《兑》者,说也。”《音义》:“兑,徒外反,悦也。”据《音义》,兑读 duì。“兑,说也”的“说”自应读 yuè(其音义与“悦”同)。也有先生认为《兑卦》之“兑”就读“悦”。船山先生说:“《兑》有二义。一为下顺乎正,以事上而获上,则下亨而上利,内卦以之。一为上得其正,以劝下而得民,则上亨而下利,外卦以之。要其以刚中之贞为本则一也。”这样说是有道理的。“以刚中之贞为本”,这个意思朱熹已说过。其他的说法,请看后面的注释。

## 原文

䷹兑下兑上　兑:亨,利贞。

《彖》曰:《兑》,说也。刚中而柔外,说以利贞,是以顺乎天而应乎人。说以先民,民忘其劳。说以犯难,民忘其死。《说》之大,民劝矣哉!❶

## 注释

❶ 辅嗣注:“说而违刚则谄,刚而违说则暴。刚中而柔外,所以‘说以利贞’也。刚中故‘利贞’,柔外故‘说亨’。”李氏《集解》引虞翻的说法:“刚中谓二、五,柔外谓三、上也。”这里据卦象爻位而言,王、虞两氏都说得对。孔疏:“《说卦》曰:‘说万物者莫说乎泽。’以兑是象泽之卦,故以‘兑’为名。泽以润生万物,所以万物皆说。施于人事,犹人君以恩惠养民,民无不悦也。惠施民悦,所以为亨。以说说物,恐陷谄邪,其利在于贞正,故曰‘兑,亨,利

贞’。”按：“贞正”为孔疏所重，其实先秦观念已是贵贞正而鄙斥谄邪。先秦早有重民贵民的思想观念。惟“顺乎天而应乎人”的说法，《周易》的《革卦》与《兑卦》所附两《彖传》应该算是最明确而且比较早者。以广大民众的利益为先，以广大民众的欢乐为重，这确实是伟大的胸怀；鼓舞广大民众为自己的切身利益而勤劳奋斗，“忘其劳”，“忘其死”，这确实是伟大的事业。《彖传》“叹美说之所致，亦申明应人之法”（孔疏语），而后对《兑卦》的重大意义表示赞赏，这就提醒后人不能不注意《兑卦》的内涵。关于《兑卦》的意义，也有不同的说法，我们这里采用王辅嗣注、孔颖达疏的解说。

## 原文

《象》曰：丽泽❷，兑；君子以朋友讲习。

初九：和兑。吉。《象》曰：“和兑”之吉，行未疑也。

九二：孚兑。吉。悔亡。《象》曰：“孚兑”之吉，信志也。

六三：来兑。凶。《象》曰：“来兑”之凶，位不当也。

九四：商兑未宁，介疾有喜。《象》曰：九四之喜，有庆也。

九五：孚于剥，有厉。《象》曰：“孚于剥”，位正当也。

上六：引兑。❸《象》曰：上六“引兑”，未光也。

## 注释

❷ “丽泽”，《音义》：“丽，连也。郑作离，云：犹并也。”《兑卦》由上兑下兑合成，兑为泽，所以孔疏说是“两泽相连”而生“润说之盛”。

❸ 自初九至上六爻辞，罗列各爻表示的种种情况，所谓“兑”的表现方式，种种“兑”的因与果。据王注孔疏，“和兑”是“说之和”，“孚兑”是“说而有信”，“来兑”是“进来求说”，“商兑”是对佞说“以刚德裁而隔之”，“引兑”则是引见求说者。这一类说法可供参考。关于这五“兑”的解读，治《易》诸贤的意见并不完全一致。

又,依注疏,"兑"就不但是"悦",而且是"说话"的"说"了。

## 涣

### 导读

《序卦》:"涣者,离也。"孔疏引《序卦》"说而后散之,故受之以《涣》"句,然后说:"涣者散释之名。""盖《涣》之为义,小人遭难离散,奔迸而逃避也;大德之人能于此时建功立德,散难释险,故谓之为'涣'。"朱熹说:"涣是散底意思。物事有当散底:号令当散,积聚当散,群队当散。"船山先生也注意到本卦包含的"散"的意思,他说:"《节》俭而聚,《涣》散而丰。"我们的意见:当聚则聚,当散则散。李镜池先生说"这是一个关于洪水的专卦"。洪水自当分散,所以我们认为也说得通。但是,如果将《涣卦》出现的"涣"处处说成"离散"的意思,就未必处处讲得通。于醴尊先生指出本卦六三爻辞"涣其躬"之"涣"应该是涣然有文章之义,其说是,可从之。

### 原文

䷺坎下巽上　涣:亨,王假有庙。利涉大川。利贞。

《彖》曰:《涣》"亨",刚来而不穷,柔得位乎外而上同。"王假有庙",王乃在中也。"利涉大川",乘木有功也。

《象》曰:风行水上,涣;先王以享于帝立庙。

初六:用拯马壮,吉。❶《象》曰:初六之吉,顺也。

### 注释

❶"用拯马壮",《音义》:"拯救之拯,马云:'举也。'伏曼容云:'济也。'王肃云:'拔也。'子夏作抍。抍,取也。"我们认为陆德明说成"拯救之拯"最好。举于厄,济于难,拔于险,取于困,都是拯救的意思。孔疏认为初六爻辞说的是"可用马以自拯拔而得壮,吉

也”。今按:《涣卦》初六爻辞,竹书《周易》作“拯马藏,吉,母亡”。文字有出入,大意实同。

## 原文

九二:涣奔其机。悔亡。❷《象》曰:“涣奔其机”,得愿也。

六三:涣其躬,无悔。《象》曰:“涣其躬”,志在外也。

六四:涣其群,元吉。涣有丘,匪夷所思。《象》曰:“涣其群,元吉”,光大也。

## 注释

❷ 宋祚胤先生以为“涣奔其机”的“机”,与小戴辑《礼记·曾子问》“舆机而往”的“机”相同,依郑注把这个“机”说成“舆尸之床”,而且进一步将全句解说成“冲走在死后用来抬尸体的床,是祝愿周厉王健康长寿”。这里问题在于:《曾子问》原文是“下殇土周葬于园,遂舆机而往”,而周厉王显然不可能是“其去成人远”的下殇,所以这里宋先生的解说实不可取。今按:“涣奔其机”,闻一多先生读涣为焕,读奔为贲(俞曲园也有这个说法),认为九二爻辞“犹言文饰其幾也”。这样讲,爻辞四个字改读了两个字,总让人于心难安。比较而言,李氏《集解》所引虞注可供参考,而王辅嗣注、孔颖达等人的疏显得平实,可备一说。譬如孔疏:“机,承物者也……而初得远难之道,今二散奔归初,故曰‘涣奔其机’也。‘悔亡’者,初得散道,而二往归之,得其所安,故‘悔亡’也。”这样讲,不必改一字,比较好懂。

## 原文

九五:涣汗其大,号涣,王居无咎。《象》曰:“王居,无咎”,正位也。

上九:涣其血去逖出,无咎。❸《象》曰:“涣其血”,远害也。

### 注释

❸《小畜卦》六四爻辞“血去惕出”，与《涣卦》上九爻辞“血去逖出”是同一个意思。惕逖相通。《说文·辵部》：“逷，古文逖。”段注：《书》作逷，“卫包始改为逖”。又说：“易狄同部。”是其证。孔疏：“血，伤也。逖，远也。上九处于卦上，最远于险，不近侵害，是能散其忧伤去而逖出者也……散患于远害之地，谁将咎之矣！故曰无咎。”这样解释，可信无疑。又，依《象辞》，似乎应该读“涣其血”作一句，然而“去逖出”与《小畜卦》六四爻辞读法相左，所以我们这里不取《象辞》读法。

## 节

### 导读

孔疏：“彖曰：‘节以制度。’《杂卦》云：‘节，止也。’然则节者制度之名，节止之义。”朱熹说：“节，便是阻节之意。”又说：“大率人一身上，各自有个当节底。”船山先生说：“节，竹节也，有度以限之而不逾也。”李镜池先生认为“节”有节俭与礼节之义。诸说皆可信。总而言之：世上万事万物都必须有个“度”，不可放肆，不得淫滥，而这就必须有“节”。

### 原文

䷻兑下坎上　节：亨。苦节，不可贞。

《彖》曰：《节》“亨”，刚柔分而刚得中。“苦节不可贞”，其道穷也。说以行险，当位以节，中正以通。天地节而四时成，节以制度，不伤财，不害民。❶

### 注释

❶《音义》：“节，荐絜反，止也，明礼有制度之名。一云：分段支节之义。”按：分段支节也应该有“制度”可以遵循。孔疏：“节者，制度

之名,节止之义。制事有节,其道乃亨。”这就令人联想中国古代礼节制度的重要作用。《论语·学而》记载有子的话:“知和而和,不以礼节之,亦不可行也。”朱熹《集注》:“礼者,天理之节文,人事之仪则也。”《卫灵公》记孔子的话:“动之不以礼,未善也。”朱注:“礼,谓义理之节文。”小戴辑《礼记·哀公问》:“非礼,无以节事天地之神也。非礼,无以辨君臣上下长幼之位也。非礼,无以别男女、父子、兄弟之亲,昏姻疏数之交也。”《孟子·离娄下》:“仁之实,事亲是也。义之实,从兄是也……礼之实,节文斯二者是也。”我国古代典籍记载这一类议论多得很。其实应该在《周易》的《节卦》所附《彖传》末尾加上这样的话:“《节》之时用大矣哉!”因为《节卦》意义之大,应当不下于《坎》《睽》《姤》《革》诸卦。《节卦》所附《彖传》写得很精辟,最可注意者为“天地节而四时成,节以制度,不伤财,不害民”的思想观点,伤财害民的制度不是好制度;其次,对“苦节不可贞”的说明也值得注意,“为节过苦,物不能堪”,大约也不能算是好制度。

## 原文

《象》曰:泽上有水,节;君子以制数度,议德行。❷

初九:不出户庭,无咎。《象》曰:“不出户庭”,知通塞也。❸

九二:不出门庭,凶。《象》曰:“不出门庭,凶”,失时极也。❹

## 注释

❷ 孔疏:“数度谓尊卑礼命之多少,德行谓人才堪任之优劣。君子象节以制其礼数等差,皆使有度;议人之德行任用,皆使得宜。”按:《节卦》所附《大象》这样的说法,也可以视为重制度、尚德行的思想资料。关于“制数度”,小戴辑《礼记·礼器》论述最为详尽,认为“礼有以多为贵者”,“有以少为贵者”,“有以大为贵者”,“有以小为贵者”,“有以高为贵者”,“有以下为贵者”,“有以文为贵者”,“有以素为贵者”,“是故先王之制礼也,不可多也,不可

寡也,唯其称也”。这里所谓“不可多也,不可寡也,唯其称也”,就是《周易·节卦》的思想。

❸《集解》引崔憬注:“户庭,室庭也。慎密守节,故不出焉,而无咎也。”王辅嗣注:“不出户庭,慎密不失,然后事济而无咎也。”孔疏的意思与辅嗣注相同。船山先生说:“户,室户。庭,其外楹间也。时方在室内而未行,道宜缜密。阳刚下实,防阴之流,慎之于内而不使出……虽过于慎,而自无咎。”上引诸家都注意到《易·节卦》初九爻辞的保密的思想。保密也是一种节制(节制其言语使不外泄)。“知通塞”,知道塞之所以求通的道理,保密所以促成事业的道理。(这里也可以参见船山的说法。)

❹《集解》引虞翻注:“极,中也。未变之正,失时极矣。”王辅嗣注:“初已造之,至二宜宣其制矣,而故匿之,失时之极,则遂废矣,故不出门庭则凶也。”孔疏也把“极”解释为“中”,又说:“应出不出,失时之中,所以为凶。”朱熹说:“若以道理言之,则有可为之时,乃不出而为之,这便是凶之道……”又说:“时乎时,不再来,如何可失!”可见《节卦》九二爻辞的意思是:不要错失好机会,该出手时就出手!

## 原文

六三:不节若,则嗟若。无咎。❺《象》曰:“不节”之嗟,又谁咎也?

六四:安节,亨。《象》曰:“安节”之亨,承上道也。

九五:甘节,吉。往,有尚。《象》曰:“甘节”之吉,居位中也。

上六:苦节,贞凶。❻悔亡。《象》曰:“苦节”“贞凶”,其道穷也。

## 注释

❺ 孔疏:“节者制度之卦。处节之时,位不可失。六三以阴处阳,以柔乘刚,失位骄逆,违节之道,祸将及己,以致哀嗟。故曰‘不节

若，则嗟若’也。祸自己至，无所怨咎，故曰‘无咎’。”王辅嗣注已经指明“若，辞也”，意思是说“若”在这里为语助词。注疏这些解释都是对的。

❻ 安于节，径路通顺。甘于节，有吉无凶。苦于节，那就有麻烦有灾祸了。孔疏：“若以苦节施人，则是正道之凶。若以苦节修身，则俭约无妄，可得亡悔，故曰‘悔亡’也。”依孔疏这个说法，所谓“苦节”就有“为节过苦”（制度过中过严，物所不堪）与“俭约”（生活艰苦）两方面的意思了。这样，“贞凶”与“悔亡”各承其一义，也就是所谓“义各有当”了。

# 中孚

## 导读

李鼎祚《集解》引王肃说：“三四在内，二五得中，兑说而巽顺；故孚也。”依此说，则“中”指爻位，“孚”是可信的意思。程伊川说：“存于中为孚，见于事为信。”朱元晦认为说得极好。船山先生说：“中，内也。孚，信也，感也。”“是二阴之孚于中也。”这些意见都可供参考。古人重视诚信，本卦可为一证。

## 原文

䷼兑下巽上　中孚：豚鱼吉。利涉大川。利贞。

《彖》曰：《中孚》，柔在内而刚得中，说而巽，孚乃化邦也。“豚鱼吉”，信及豚鱼也。[1]“利涉大川”，乘木舟虚也。中孚以利贞，乃应乎天也。

《象》曰：泽上有风，中孚；君子以议狱缓死。

## 注释

❶ 王伯申《经义述闻》卷一：“豚鱼者，士庶人之礼也。”“豚鱼乃礼之

薄者，然苟有中信之德，则人感其诚而神降之福，故曰‘豚鱼，吉’，言虽豚鱼之荐亦吉也。”于醴尊先生说：“要但指礼物而已，无容计其物之厚薄也。”王、于两位都没有否定“信及豚鱼”的说法。王辅嗣注：“争竞之道不兴，中信之德淳著，则虽微隐之物，信皆及之。”孔疏：“信发于中，谓之中孚。鱼者虫之幽隐，豚者兽之微贱。人主内有诚信，则虽德隐之物，信皆及矣。”按：所谓“信及豚鱼”，与《诗经·大雅·行苇》之《毛诗序》所谓“《行苇》，忠厚也，周家忠厚，仁及草木”相类。古人自有当时之观念，后世人应该尽可能多加理解（除非已认定其荒诞不合情理）。

## 原文

初九：虞，吉。有它，不燕。《象》曰：初九“虞，吉”，志未变也。[2]

九二：（鹤）鸣〔鹤〕在阴，其子和之。我有好爵，吾与尔靡之。《象》曰：“其子和之”，中心愿也。

六三：得敌，或鼓或罢，或泣或歌。《象》曰：“或鼓或罢”，位不当也。

六四：月几望，马匹亡。无咎。《象》曰：“马匹亡”，绝类上也。

九五：有孚挛如，无咎。《象》曰：“有孚挛如”，位正当也。

上九：翰音登于天。贞，凶。[3]《象》曰：“翰音登于天”，何可长也？

## 注释

❷ 按：《大过》九四爻辞“有它，吝”，意思与此《中孚》初九爻辞“有它，不燕”相类。于醴尊先生说：“虞，谓虞祭也……盖丧至于虞，已渐即吉（注略），故曰虞吉。然虞、卒哭中间有他祭事而无祭毕燕饮之事，故曰‘有它不燕’也。所以然者，以孝子未变其哀痛之志也，故《象传》云‘初九虞吉，志未变也’。”我们认为：除了“虞吉”连读未必妥当，“虞吉”一词迹近生造，于先生关于《中孚》初

九爻辞及其所附《象传》的解说也还可以勉强成立。但是,卦名"中孚",初爻应与"中孚"有关。王辅嗣注:"虞犹专也。为信之始而应在四,得乎专吉者也。志未能变,系心于一,故有它不燕也。"孔疏也强调"信始"与"专一之吉"。这里三注孔疏最为允妥。

❸"月几望",又见于《小畜卦》上九、《归妹卦》六五爻辞。"有孚挛如",也见于《小畜卦》九五爻辞。小戴辑《礼记·曲礼下》:"鸡曰翰音。"李氏《集解》引虞注也说"鸡称翰音"。象辞说"翰音登于天,何可长也",这大概就是所谓"贞凶"了。虞注认为"贞凶"的原因是发生了"失位",也可以说自有其根据。还有别的说法,这里不拟引录转述。

# 小过

## 导读

辅嗣注与孔疏的说法,见经文后注释。朱熹说:"《小过》,大率是过得不多。"船山先生说:"《小过》,阴之过也。"这是因为本卦除三、四外都是阴爻。李镜池先生将"过"解释为"责备""批评",我们认为也可以贯通全卦。然而我们对《小过卦》爻辞的注释,仍用王注孔疏说。

## 原文

䷽艮下震上　小过:亨,利贞。可小事,不可大事。❶飞鸟遗之音,不宜上,宜下。大吉。

《彖》曰:《小过》,〔亨,〕小者过而亨也。❷过以利贞,与时行也。柔得中,是以小事吉也。刚失位而不中,是以不可大事也。有飞鸟之象焉。"飞鸟遗之音,不宜上,宜下,大吉",上逆而下顺也。

《象》曰:山上有雷,小过;君子以行过乎恭,丧过乎哀,用过乎俭。

## 注释

❶ “小过”，与“大过”相对而言。六五爻辞王辅嗣注：“小过者，过小而难未大作，犹在隐伏者也。”《小过卦》所附《象辞》说的“行过乎恭，丧过乎哀，用过乎俭”，这一类“过”就是所谓小过。《音义》与孔疏特别强调“小过”之过与“大过”之过同，“音‘相过’之过，恐人作‘罪过’之义”，那是为了提醒读者注意掌握分寸。孔疏：“过为小事，道乃可通，故曰‘小过，亨’也。‘利贞’者，矫世励俗，利在归正，故曰‘利贞’也……时世小有过差，惟可矫以小事，不可正以大事，故曰‘可小事，不可大事’也。”按：可小事，不可大事，这还是属于掌握分寸的问题。至于何谓小事，何谓大事，时世不同，看法也就不同。用《左传》成公十三年的说法，“国之大事，在祀与戎”。《周易》的《小过卦》辞所谓“大事”，也应该如此。

❷ 按，《大过卦》所附《彖传》：“《大过》，大者过也。”不说“大者过而亨也”，故不引卦辞“亨”字。《小过卦》所附《彖传》这里说“小者过而亨也”，“亨”从何来？从卦辞来。从知《彖传》这里引卦辞应有“亨”字。

## 原文

初六：飞鸟以，凶。[3]《象》曰：“飞鸟以，凶”，不可如何也。

六二：过其祖，遇其妣。不及其君，遇其臣。无咎。《象》曰：“不及其君”，臣不可过也。[4]

九三：弗过防之，从或戕之。凶。《象》曰：“从或戕之，凶”如何也！

九四：无咎。弗过遇之，往厉必戒。勿用永贞。《象》曰：“弗过遇之”，位不当也。“往厉必戒”，终不可长也。

六五：密云不雨，自我西郊。公弋，取彼在穴。《象》曰：“密云不雨”，已上也。

上六：弗遇过之，飞鸟离之。凶。是谓灾眚。《象》曰："弗遇过之"，已亢也。[5]

## 注释

❸ "飞鸟以"作一句读，本于醴葊先生说。据《周易》爻辞句例，知其说可从。这里"以"通"已"，"止"的意思。飞鸟而不飞了，凶。

❹ 臣不可及其君，六二象传宣扬的显然还是"君君臣臣"的观点，即忠君思想。孔疏："臣不可过者，臣不可有过其位也。"把原文"及"字偷换为"过"字，恐怕不是完全符合原意的解释。

❺ "飞鸟离之"，"离"通罹，遭遇而未能避免的意思。眚(shěng)，有过错的意思，这里应与"灾"同义。孔疏："'已亢'者，释所以弗遇过之，以其已在亢极之地故也。"这个说法可供参考。我们认为这个"已"就是"太过""过甚"的意思，说见《经传释词》卷一。又，这里当然不能不注意卦体爻位。

# 既济

## 导读

《序卦》："有过物者必济，故受之以《既济》。"依《序卦》这个说法，《既济》本卦包含着过物必济的思想。王辅嗣注："《既济》者，以皆济为义者也。小者不遗，乃为皆济。"孔疏："济者，济渡之名。既者，皆尽之称。万事皆济，故以'既济'为名。"李镜池先生认为《既济》与《未济》相对，"成对立的组卦"，他说得很对。除了过物必济的思想很重要，我们认为本卦宣扬的"既济，君子以思患而豫防之""终日戒"的思想也是贯通《周易》全书的重要的观点之一，可以借鉴。

## 原文

䷾离下坎上　既济：亨小，利贞。初吉，终乱。[1]

《彖》曰:《既济》"亨",小者亨也。"利贞",刚柔正而位当也。"初吉",柔得中也。终止则乱,其道穷也。

《象》曰:水在火上,既济;君子以思患而豫防之。[2]

## 注释

❶ 《音义》引郑注:"既,已也,尽也。济,度也。"又云:"'亨小'绝句。以'小'连'利贞'者非。"孔疏:"若小者不通,则有所未济,故曰'既济,亨小'也。小者尚亨,何况于大?……当此之时,非正不利,故曰'利贞'也……故戒以今日既济之初虽皆获吉,若不进德修业,至于终极则危乱及之,故曰'初吉,终乱'也。"今按:这里有两点应予注意。一是"既济亨小"并非"既济"之后只有小事顺畅,而是万事都顺畅的意思;不然的话,现存就还有"未济"者,就不该叫"既济"了。二是提醒世人警觉:这里"既济"只是现阶段的,初虽如此,终未必然,所以还要小心。朱元晦说:"大率到那'既济'了时,便有不好去,所以说'小亨'。如唐时贞观之盛,便向那不好去。"又说:"'初吉终乱',便有不好在末后底意思。"这样看问题是对的。朱子实际上已经懂得不能用停止的眼光观察现状。

❷ 王辅嗣注:"存不忘亡,既济不忘未济也。"孔疏:"君子思其后患而豫防之。"为了避免"初吉终乱"的结局出现,《周易》作者把防患于未然的深刻思想包含在卦象与卦爻辞里,而《大象》只是作出基本明确的解说罢了。

## 原文

初九:曳其轮,濡其尾。[3]无咎。《象》曰:"曳其轮",义无咎也。

六二:妇丧其茀[4],勿逐,七日得。《象》曰:"七日得",以中道也。

九三:高宗伐鬼方,三年克之。小人勿用。《象》曰:"三年克之”,惫也。[5]

## 注释

❸ 曳(yè),也有读 zhuài 的。这里是牵、拉的意思。“曳其轮”,拖拉着车轮。濡(rú),这里是沾湿的意思。其尾,指舆车之尾。

❹ 茀(fú),这里不是指妨碍通行的草,《音义》:“首饰也。马同。干云:‘马髴也。’郑云:‘车蔽也。’子夏作髴。荀作绂。董作髢。”李氏《集解》作髴,与干宝同。《集解》引虞注:“髴,发,谓鬒发也。一名妇人之首饰……俗说以髴为妇人蔽膝之茀,非也。”按:“妇丧其发”句如何理解?除非如王辅嗣注、孔颖达疏所说妇人见侵,不然怎么会特别注意妇人丢头发的事呢?也许还是将茀解说为妇人之首饰或蔽膝为妥。

❺《史记·殷本纪》:“帝武丁崩……祖己嘉武丁之以祥雉为德,立其庙为高宗。”而《本纪》并无“高宗伐鬼方”的记载。《今本竹书纪年》将殷伐鬼方的事系于武丁三十二年至三十四年,未必有切实的证据。然而可靠文献记殷伐鬼方(譬如《诗·荡》说“咨女殷商……覃及鬼方”),必有根据而可信。甲骨文关于鬼方的事也有记载。至于“高宗伐鬼方”是不是“三年克之”,《今本竹书纪年》的系年固不足据。“小人勿用”这个说法,已见于《师卦》上六爻辞,本是治国治军的经验之谈。又,本卦所附《象传》说的“‘三年克之’,惫也”,曾经引起朱夫子的感叹,他说:“言兵不可轻用也!”这使我们联想起《诗经》的《东山》与《破斧》两诗,《东山》也说“于今三年”,《破斧》写“东征”战争的残酷与悲哀,与《既济》九三爻辞所附《象传》同一情调。

## 原文

六四:繻有衣袽,终日戒。[6]《象》曰:“终日戒”,有所疑也。

九五:东邻杀牛,不如西邻之禴祭,实受其福。《象》曰:东邻杀牛,不如西邻之时也。[7]“实受其福”,吉大来也。

上六：濡其首，厉。《象》曰："濡其首，厉"，何可久也！

## 注释

❻ 繻（从王肃读 xū），本来是与布帛有关的或相类的东西。袽，《说文》作絮，这里读音如同"女"字改读阴平声，败衣残帛破絮之类。李氏《集解》引卢注："繻者，布帛端末之识也。"王辅嗣注："繻宜曰濡。衣袽所以塞舟漏也。"意思是：船漏而水浸，用破旧衣絮塞住，也就可以过下去。但这必须严密监视船漏，天天警戒。又，《诗经·小雅·采薇》"岂不日戒"，如果没有别的理由，那就应该说：诗作"日戒"并无不可，《周易》的《既济卦》六四爻辞"终日戒"可为旁证。

❼ 禴读 yuè，竹书《周易》作"酌"。按："酌"应为"礿"之借。《尔雅·释诂》："禴，祭也。"《释文》卷第二十九："禴，字又作礿，同。"《周易·既济》王辅嗣注："牛，祭之盛者也。禴，祭之薄者也……祭祀之盛，莫盛修德，故沼沚之毛，蘋蘩之菜，可羞于鬼神。""在于合时，不在于丰也。"平时不肯修德，祭不合时，礼物再丰盛，也不为鬼神歆飨，这是古人祭祀观念的重要内容。《既济》九五爻辞"实受其福"，竹书《周易》作"是受福，吉"。"是受福"即"实受其福"。竹书《周易》多一"吉"字。既"受福"，自是"吉"。

# 未济

## 导读

《序卦》："物不可穷也，故受之以《未济》终焉。"李氏《集解》引崔憬说："夫《易》之为道，穷则变，变则通，而以《未济》终者，亦物不可穷也。"孔疏："未济者，未能济渡之名也……若能执柔用中，委任贤哲，则未济有可济之理。"朱熹说："大概《既济》是那日中衎晡时候，盛了，只是向衰去。《未济》是五更初时，只是向明去。"船山先生认为《未济》之爻贤于《既济》。这些说法都有道理。我们认为《周易》以《未济》终，反映了作者素朴的辩证唯物主义的认识论，近与《既济》相承，远与《乾卦》"乾乾夕惕"的思想相应，知至至之，知终终之，真可与存义了。如果说《未济》是一个富有推动力而充满希望的卦，也该是有道理的吧。

## 原文

䷿坎下离上　未济：亨。小狐汔济，濡其尾。无攸利。[1]

《彖》曰：《未济》"亨"，柔得中也。"小狐汔济"，未出中也。"濡其尾，无攸利"，不续终也。虽不当位，刚柔应也。

《象》曰：火在水上，未济；君子以慎辨物居方。[2]

## 注释

❶《音义》："汔，许讫反。《说文》云：'水涸也。'郑云：'几也。'"李鼎祚《集解》引虞翻注："汔，几也……狐济几度，而濡其尾……"又引干宝注："《说文》曰：'汔，涸也。'案：刚柔失正，故未济也。五居中应刚，故亨也。小狐大弱，汔乃可济。水既未涸而乃济之，故尾濡而无所利也。"我们这里要说两点意思：一、依《音义》说的反切，汔可以读 xì，但现代汉语读为 qì，保存其表示"庶几"的意思。二、《未济卦》与《既济卦》无疑是一对"组卦"，意思基本上互相对立。但是不可因此断言两卦应该用互文见义的方法加以训释，譬如不应断言《既济卦》初九爻辞"濡其尾"的尾与《未济卦》"小狐"之尾相同，因为《既济》"曳其轮"之轮与《未济》小狐不可等同，与小狐之尾无法发生联系。

❷《未济卦》坎下离上，《大象》所谓"火在水上"，是因为坎表示水，离表示火。李氏《集解》引侯果注："火性炎上，水性润下，虽复同体，功不相成，所以未济也。故君子慎辨物，宜居之以道，令其功用相得，则物咸济矣。"我们认为侯果这样解说是对的。君子应该慎于辨别事物，学会掌握万物之理，摆正自己的位置，才能由未济而济，由"既济"而解决新的"未济"，不断进步，不断成功，将人

生之舟送达一个又一个新的彼岸，死而后已。

## 原文

初六：濡其尾，吝。《象》曰："濡其尾"，亦不知极也。

九二：曳其轮，贞吉。《象》曰：九二"贞吉"，中以行（正）〔直〕[3]也。

六三：未济。征，凶。利涉大川。[4]《象》曰："未济，征，凶"，位不当也。

## 注释

❸《经义述闻》卷二认为这个"正"当作"直"，方与上文象传"不知极也"为韵。今从之。

❹ 竹书《周易·未济卦》两简残阙，唯九二、六三两爻完整。九二爻辞比今本《周易》以及帛书《周易》多"利涉大川"一句。六三爻辞与今本《周易》完全相同，唯"未济"作"未凄"，有一字之差。按：古"凄""齐"声同韵同，自可通作。又，据此六三爻辞，可以判断竹书《周易》本卦名为"未凄"无疑。

## 原文

九四：贞吉。悔亡。震用伐鬼方，三年，有赏于大国。《象》曰："贞吉，悔亡"，志行也。

六五：贞吉。无悔。君子之光，有孚。吉。《象》曰："君子之光"，其晖吉也。[5]

上九：有孚于饮酒，无咎。濡其首，有孚失是。《象》曰：饮酒濡首，亦不知节也。[6]

## 注释

❺《集解》引虞翻注："动之正乾为大明，故其晖吉也。"孔疏："言君

子之德光晖著见，然后乃得吉也。”按：“其晖”句与上文“君子之光”句相照应。光就是晖。光辉本无所谓吉凶。惟承九四爻辞，如果“有孚”句指伐鬼方有俘获，那也可以算是君子的光辉吧。

❻《朱子语类》卷第七十三《易九》“未济”条：“‘濡首’分明是狐过水而濡其首。今《象》却云‘饮酒濡首’，皆不可晓。”我们很钦佩朱子“不知为不知”的治学态度。我们认为“濡首”未必与卦辞“小狐汔济”有关，就好比本卦九四爻辞“震用伐鬼方”与“小狐汔济”无关一样。“失是”，王夫之《周易内传》卷四：“‘是’者，当其可之谓。”失是，失于是，言行不可（不妥当，不能得到认可）。饮酒而至于濡首，显然属于“失是”之行为，那是因为饮者不懂礼节，不知节制。“不知节”，就势必胡作非为，失节失礼“失是”而竟至于失天下。知节，才能由未济而济。《尚书·盘庚中》：“若乘舟，汝弗济，臭厥载。尔忱不属，惟胥以沈。”《大诰》：“若涉渊水，予惟往求朕攸济。”《君奭》：“若游大川，予往，暨汝奭其济。”可见古人对于“既济”与“未济”的问题曾经做过长期的认真的思考。我们的先民终于把“济”与“节”（涉川与知节）两个大问题联系起来，并且把探索的心得形象而含蓄地记录在哲人之作《周易》一书里。《周易》的作者真可算是有心人啊！

# 系辞上

## 导读

《周易》六十四卦之外的“十翼”，其一为《系辞》。这是孔子学派的人所作用来解说《周易》全书性质、若干卦象（特别是《乾》《坤》两卦）、诸多爻辞以及某些有关问题的重要文字。孔疏认为是“圣人系属此辞于爻卦之下”，所以叫“系辞”。而《汉书·艺文志》早就说孔子为《易经》作的传释中有《系辞》，其实未必可信。我们这里只说《系辞》为孔子学派的人（孔门弟子或再传）所作。因为篇幅较大，所以分上下两篇，又叫“上系”“下系”。为省略关于章次的解说，本次校注不再将原文分章。

## 原文

天尊地卑，乾坤定矣。卑高以陈，贵贱位矣。动静有常，刚柔断矣。方以类聚，物以群分，吉凶生矣。在天成象，在地成形，变化见矣。是故刚柔相摩，八卦相荡。鼓之以雷霆，润之以风雨；日月运行，一寒一暑。乾道成男，坤道成女；乾知大始，坤作成物。[1]乾以易知，坤以简能；易则易知，简则易从。易知则有亲，易从则有功；有亲则可久，有功则可大；可久则贤人之德，可大则贤人之业。易、简而天下之理得矣。天下之理得而〔《易》〕[2]成位乎其中矣。

## 注释

❶ 朱熹说："此'知'字训'管'字……'大始'是'万物资始'……'成物'是'万物资生'……"朱熹又说："'知'，主之意也，如知县知州。"王伯申引其父说："知，犹为也。为，亦作也。"我们认为这些说法都是对的。

❷ 陆德明《周易音义》云："马、王肃作'而易成位乎其中'。"揆之文义，衡以文法，当以有"易"字者为是。虞本亦有"易"字。

## 原文

圣人设卦，观象系辞焉而明吉凶，刚柔相推而生变化。是故吉凶者失得之象也，悔吝者忧虞之象也，变化者进退之象也，刚柔者昼夜之象也。六爻之动，三极之道也。是故君子所居而安者，《易》之(序)〔象〕[1]也；所乐而玩者，爻之辞也。是故君子居则观其象而玩其辞，动则观其变而玩其占，是以自天祐之，吉无不利。

《彖》者，言乎象者也。爻者，言乎变者也。吉凶者，言乎其失得也。悔吝者，言乎其小疵也。无咎者，善补过也。是故列贵贱者存乎位，齐小大者存乎卦，辩吉凶者存乎辞，忧悔吝者存乎介，震无咎者存乎悔。是故卦有小大，辞有险易，——辞也者，各指其所之。[2]

## 注释

❶ 下文“观其象而玩其辞”，辞是爻之辞，象是《易》之象，则此“序”当作“象”可知。虞本正作“象”。

❷ “《彖》者，言乎象者也”，这个“彖”指卦象以及由卦象表示的全卦之义（参看韩康伯注）。“辨吉凶者存乎辞”，韩注：“辞，爻辞也。”这个注不准确。“辞”应包括卦辞、爻辞在内。上文“列贵贱者存乎位”“齐小大者存乎卦”，其实小大之义亦存乎爻辞，“列”“齐”与“辨”互文，三句互相足成。“辞也者，各指其所之”，这个“辞”也应该包括卦辞、爻辞。

## 原文

《易》与天地准，故能弥纶天地之道。仰以观于天文，俯以察于地理，是故知幽明之故。原始反[3]终，故知死生之说。精气为物，游魂为变，是故知鬼神之情状。[4]与天地相似，故不违。知周乎万物而道济天下，故不过。旁行而不流，乐天知命，故不忧。[5]安土敦乎仁，故能爱。范围天地之化而不过，曲成万物而不遗，通乎昼夜之道而知，故神无方而《易》无体。

## 注释

❸ 反，一作“及”。两字形近，都可以讲通，所以不能轻易判断然否。

❹ “精气为物”，这个说法对后世喜欢议论气之为物的学者应该有启发作用。解释《周易》的学者说什么“游魂”与“鬼神之情状”，这对于当时与后世迷信的陋俗，有误导作用（但是决非首倡作用）。

❺ 王伯申说：“旁之言溥也，遍也。”船山先生说：“天命之无所择而施，知之则可不改其乐。”按：“乐天知命”就是顺应天理自然而快乐人生，因为知道天命而自觉自适（自安）。这种人生观对后世影响很大。

## 原文

一阴一阳之谓道。继之者善也,成之者性也。仁者见之谓之仁,知者见之谓之知,百姓日用而不知,故君子之道鲜矣。[1]显诸仁,藏诸用,鼓万物而不与圣人同忧,盛德大业至矣哉! 富有之谓大业,日新之谓盛德。生生之谓易。成象之谓乾,効法之谓坤。极数知来之谓占。通变之谓事。阴阳不测之谓神。

## 注释

❶ 这里触及“道”“善”“性”“仁”“知”等观念。“继之”“成之”“见之”,诸“之”字应当都指“道”。“知者见仁谓之知”,两“知”字音义与“智”同。“百姓日用而不知”,“知”如字读。韩康伯关于“道”的解说,一言以蔽之,就是“无”,所谓“无不通也,无不由也”。这样的说法,是对老庄的继承。“继之者善也”,李氏《集解》引虞注:“继,统也。”又引侯果注:“仁者见道谓道有仁,知者见道谓道有知也。”今按:宋祚胤先生的说法与侯果不同。依宋先生的解释,这后面的意思是:仁者见了道叫它做仁,知者见了道叫它做知,老百姓日常运用道而偏偏不自知,这样一来,“君子之道”就似乎很少能看到了。这样讲,比较好懂。

## 原文

夫易广矣大矣! 以言乎远则不御[2],以言乎迩则静而正,以言乎天地之间则备矣。夫乾,其静也专,其动也直,是以大生焉。夫坤,其静也翕,其动也辟,是以广生焉。广大配天地,变通配四时,阴阳之义配日月,易简之善配至德。

## 注释

❷ “不御”的御,《音义》:“禁止也。”李氏《集注》引虞注:“御,止也。远谓乾,天高不御也。”按:“易”包含的道理用“广大”来形容,下

文说“广大配天地”，而乾表示天，所以不妨肯定虞注的讲法。

## 原文

子曰：“《易》其至矣乎！”夫《易》，圣人所以崇德而广业也。知崇礼卑，崇效天，卑法地。[1]天地设位而易行乎其中矣。成性存存，道义之门。圣人有以见天下之赜，而拟诸其形容，象其物宜，是故谓之象；圣人有以见天下之动，而观其会通以行其典礼，系辞焉以断其吉凶，是故谓之爻：言天下之至赜而不可恶也，言天下之至动而不可乱也。拟之而后言，议之而后动，拟议以成其变化。[2]

## 注释

❶ “知崇礼卑”，《音义》说“知”音智，“礼”一作体。按：李氏《集解》本“礼”亦作“体”，可见这两个字在古籍里通用。《集解》引虞注：“知谓乾，效天崇。体谓坤，法地卑也。”韩康伯注：“知以崇为贵，礼以卑为用。”孔疏：“《易》兼知之与礼，故此明知礼之用。知者通利万物，象天阳无不覆，以崇为贵也。礼者卑敬于物，象地柔而在下，故以卑为用也。”前贤这些看法，表明了对于“易”与“礼”的社会功能的认识，也含有对于“易”与“礼”两者关系的理解，有助于后世学人对于“易”与“礼”的研究。

❷ 这一段以下至《系辞上》篇末凡十三段，每一段都有相似的结构。总而言之，它们各自由三个部分组成：《易》本身，孔子论《易》，《系辞》作者的有关议论。

## 原文

“鸣鹤在阴，其子和之。我有好爵，吾与尔靡之。”子曰：君子居其室，出其言善，则千里之外应之，况其迩者乎？居其室，出其言不善，则千里之外违之，况其迩者乎？言出乎身，加乎民。行发乎迩，见乎远。言行，君子之枢机。枢机之发，荣辱之主也。言行，君子之所以动天地也，可不慎乎？[3]

注释

❸ 这一段，托孔子之言，论君子之于言行不可不慎。其中含两层意思：一是君子言行的重要性，二是君子言行应该谨慎。“鸣鹤在阴”句及其下三句，见《易·中孚》九二爻辞。

原文

“同人先号咷而后笑。”子曰：君子之道，或出或处，或默或语。二人同心，其利断金。同心之言，其臭如兰。

“初六：藉用白茅，无咎。”子曰：苟错诸地而可矣，藉之用茅，何咎之有？慎之至也！夫茅之为物薄而用可重也，慎斯术也以往，其无所失矣。[4]

“劳谦，君子有终，吉。”子曰：劳而不伐，有功而不德，厚之至也，语以其功下人者也。德言盛，礼言恭。谦也者，致恭以存其位者也。

注释

❹ 这一段引《易》见《大过卦》。该卦初六爻辞王辅嗣注：“以柔处下，过而可以无咎，其唯慎乎！”《大过卦》卦爻与《系辞》两处孔疏都强调“藉用白茅”表现的“谨慎”。《集解》引侯果注虽然说过“苟能洁诚，肃恭不怠”“置羞于地可以荐奉”的话，但是也对“藉用白茅，重慎之至”表示了肯定。

原文

“亢龙有悔。”子曰：贵而无位，高而无民，贤人在下位而无辅，是以动而有悔也。

“不出户庭，无咎。”子曰：乱之所生也，则言语以为阶。君不密则失臣，臣不密则失身，幾事不密则害成，是以君子慎密而不出也。[5]

子曰：作《易》者其知盗乎？《易》曰："负且乘，致寇至。"负也者，小人之事也。乘也者，君子之器也。小人而乘君子之器，盗思夺之矣。上慢下暴，盗思伐之矣。慢藏诲盗，冶容诲淫。《易》曰："负且乘，致寇至。"盗之招也。[6]

## 注释

[5] 这一段引《易》见《节卦》初九爻辞。"慎密"是这一段的中心意思。言行不注意保密，是可以招致祸乱的。

[6] "负且乘，致寇至"，见《解卦》六三爻辞。"盗之招也"，意思是指由于言行不慎而招致强盗。以上凡八段："子曰《易》其至矣乎"开头的这一段主旨在说明并赞美《周易》之"至"，并且揭橥(zhū)"拟之而后言动"的意义，这以后的七段主要是关于君子应该慎其言行的议论，分别以"初六藉用白茅""劳谦""亢龙有悔""子曰作《易》者其知盗乎"开头的四段说的是慎行，其他三段说的主要是应该慎言。下文("天一地二……大衍之数五十"以下)显然是以占筮、揲蓍及其他方面的意思为主了。

## 原文

〔天一，地二。天三，地四。天五，地六。天七，地八。天九，地十。天数五，地数五；五位相得而各有合。天数二十有五，地数三十，凡天地之数五十有五。此所以成变化而行鬼神也。〕[7]大衍之数五十，其用四十有九。分而为二以象两，挂一以象三，揲之以四以象四时，归奇于扐以象闰。[8]五岁再闰，故再扐而后(挂)〔卦〕。(天数五，地数五；五位相得而各有合。天数二十有五，地数三十，凡天地之数五十有五。此所以成变化而行鬼神也。)乾之策二百一十有六，坤之策百四十有四，凡三百有六十，当期之日。二篇之策，万有一千五百二十，当万物之数也。是故四营而成《易》，十有八变而成卦，八卦而小成。引而伸之，触类而长之，天下之能事毕矣。显道神德行，是故可与酬酢，可与（祐）〔侑〕神矣。子曰：知变化之道者，其知神之所为乎！

## 注释

❼ “天一”至“地十”，本在“子曰夫易何为者也”之前。“天数五”至“行鬼神也”，本在“大衍”至“再扐而后卦”数句之后。朱熹《周易本义》谓之为错简，移置于此。今从之。

❽ 揲（这里读 shé），《音义》：“揲犹数也。”这里指古人计算用来占卦的蓍草的数目，分成若干份。揲之以四，就是将蓍草分成四份。韩康伯的注说：“奇，况四揲之余，不足复揲者也。”扐（lè），《音义》引马注：“指间也。”《玉篇·手部》：“凡数之余谓之扐。”《系辞》孔疏：“奇谓四揲之余，归此残奇于所扐之策而成数以法象天道，归残聚余分而成闰也。”宋祚胤先生的解释是：“把上下两部分蓍草以四为一组来数，这象征一年之中有春、夏、秋、冬四时；数了以后把剩余下来的蓍草夹在手指中间用来象征闰月。”这是对原文的准确的翻译。

## 原文

《易》有圣人之道四焉：以言者尚其辞，以动者尚其变，以制器者尚其象，以卜筮者尚其占。是以君子将有为也，将有行也，问焉而以言。其受命也如响，无有远近幽深，遂知来物。非天下之至精，其孰能与于此？参伍以变，错综其数。通其变，遂成天下之文；极其数，遂定天下之象。非天下之至变，其孰能与于此？《易》，无思也，无为也，寂然不动，感而遂通天下之故。非天下之至神，其孰能与于此？[9]夫《易》，圣人之所以极深而研幾[10]也。唯深也，故能通天下之志。唯幾也，故能成天下之务。唯神也，故不疾而速，不行而至。子曰：《易》有圣人之道四焉者，此之谓也。

## 注释

⑨ “天下之文”的“天下”，一作“天地”；“之文”，一作“之爻”。作“天地之爻”是可以的。孔疏：“任运自然，不关心虑，是‘无思’也。任运自动，不须营造，是‘无为’也……既无思无为，故寂然不动，有感必应，万事皆通，是‘感而遂通天下之故’也……‘非天下之至神，其孰能与于此’者，言易理神功不测，非天下万事之中，至极神妙，其孰能与于此也。”按：把“易理”说得神乎其神，《系辞》与古代《易》学研究者大多如此。我们认为，《周易》书中确实蕴含了深刻而又丰富的思想，除了由古汉语词义的多项性造成的难于确指的麻烦，都不是深不可测的。

⑩ 幾（这里读 jī），李氏《集解》引荀爽注说是“幾微”的意思。孔颖达等疏说同。按：所谓幾微，这里指奥妙的道理。

## 原文

（天一，地二。天三，地四。天五，地六。天七，地八。天九，地十。）子曰：夫《易》何为者也？夫《易》，开物成务，冒天下之道，如斯而已者也。是故圣人以通天下之志，以定天下之业，以断天下之疑。是故蓍之德圆而神，卦之德方以知，[11]六爻之义易以贡。[12]圣人以此洗心，退藏于密，[13]吉凶与民同患，神以知来，知以藏往。其孰能与此哉？古之聪明睿知、神武而不杀者夫！是以明于天之道而察于民之故，是兴神物以前民用，圣人以此齐戒以神明其德夫！是故阖户谓之坤，辟户谓之乾，一阖一辟谓之变，往来不穷谓之通，见乃谓之象，形乃谓之器，制而用之谓之法，利用出入、民咸用之谓之神。是故《易》有太极，是生两仪，两仪生四象，四象生八卦，八卦定吉凶，吉凶生大业。是故法象莫大乎天地，变通莫大乎四时，县象著明莫大乎日月，崇高莫大乎富贵，备物致用、立成器以为天下利莫大乎圣人，探赜索隐、钩深致远以定天下之吉凶、成天下之亹亹者莫(大)〔善〕乎蓍龟[14]。是故天生神物,圣人则之;天地变化,圣人效之;天垂象,见吉凶,圣人象之;河出图,洛出书,圣人则之。《易》有四象[15],所以示也;系辞焉,所以告也;定之以吉凶,所以断也。

## 注释

⑪ "蓍之德圆而神,卦之德方以知":据王夫之《周易内传》卷五,"德"指性情功效,"圆"是运而不滞,揲无定则,"神"是尽其变的意思;"方"指卦之有定体,"知"是明于理之大全。

⑫ "六爻之义易以贡":"义"指爻辞说的道理(所谓"理著于辞"),"易"就是变易,"贡"者明告无隐的意思。韩康伯注:"圆者运而不穷,方者止而有分。"又说:"贡,告也。六爻变易以告吉凶。"稍作比较,可知上引王韩两家的解说多相同相通,而训"贡"为"告"则不是王伯申所能同意的。《经义述闻》卷二:"《释文》:'贡,京、陆、虞作工,荀作功。'……六爻之义刚柔相易,乃得成爻,所谓'道有变动故曰爻'也。故曰'六爻之义易以功'。作工作贡,皆借字耳。"王伯申道出了原文原意。

⑬ "以此洗心,退藏于密":孔疏据韩注作出解说如下:"圣人以此易之卜筮洗荡万物之心:万物有疑则卜之,是荡其疑心;行善得吉,行恶遇凶,是荡其恶心也。"又说:"易道进则荡除万物之心,退则不知其所以然,万物日用而不知有功用藏于密也。"可是王夫之的解说:"洗心"指圣人洗涤自信之心,"退藏于密"指"退而藏其用于天道之不测,以筮决之",这里显然与韩孔的说法不同。我们认为这里应以王夫之说为长。又,据《音义》,"洗心"作"先心"者有"京、荀、虞、董、张、蜀才"诸本。"先心",因为有蓍龟之神灵,圣人可以先于心思而知道万物,判断事物,这样讲也通。

⑭ 亹亹,音义与"娓娓"同,李氏《集解》本正作"娓娓"。《集解》引侯果注:"亹,勉也。夫幽隐深远之情,吉凶未兆之事,物皆勉勉然愿知之,然不能也。及蓍成卦、龟成兆也,虽神道之幽密,未然

之吉凶，坐可观也。是蓍龟成天下勉勉之圣也。”按：这个说法道出了原文的意思。据《系辞》这个说法，我们可以推知先民何以重视蓍龟与占卜了。又，据《释文》，“莫大乎蓍龟”，一本“大”作“善”，王伯申认为作“善”是，当从之。

⑮ 这里所谓“四象”，应指上文“两仪生四象”的四象。

## 原文

《易》曰：“自天祐之，吉无不利。”子曰：祐者助也，天之所助者顺也，人之所助者信也。履信思乎顺，又以尚贤也，是以“自天祐之，吉无不利”也。

子曰：书不尽言，言不尽意。然则圣人之意其不可见乎？子曰：圣人立象以尽意，设卦以尽情伪，系辞焉以尽其言，变而通之以尽利，鼓之舞之以尽神。乾坤其《易》之缊邪？乾坤成列，而《易》立乎其中矣。乾坤毁，则(元)〔无〕以见《易》。《易》不可见，则乾坤或几乎息矣。是故形而上者谓之道，形而下者谓之器，化而裁之谓之变，推而行之谓之通，举而错之天下之民谓之事业。是故夫象，圣人有以见天下之赜而拟诸其形容、象其物宜，是故谓之象。圣人有以见天下之动而观其会通以行其典礼，系辞焉以断其吉凶，是故谓之爻。极天下之赜者存乎卦。鼓天下之动者存乎辞。化而裁之存乎变。推而行之存乎通。神而明之存乎其人。默而成之，不言而信，存乎德行。⑯

## 注释

⑯ 朱子《周易本义》怀疑这一段“恐是错简”，认为“宜在第八章之末”。他所说的“宜在第八章之末”指放在《系辞》上文以“子曰作《易》者其知盗乎”开头的那一段之后。今按：朱子疑为错简的这一段与总论《易》理的上下文不类，朱子提出质疑是有理由的。又，这一段所引《易》文见《大有卦》上九爻辞，《象传》的解说与

《系辞》所引孔子的解释是一致的。这一段的不少文句已见于上文,但也有新的说法。譬如"形而上者谓之道,形而下者谓之器",实始见于《系辞上》这后头一段。孔疏:"道是无体之名,形是有质之称……故自形外已上者谓之道也,自形内而下者谓之器也。形虽处道器两畔之际,形在器不在道也。既有形质可为器用,故云形而下者谓之器也。"就这里摘引的孔疏而言,应该说基本上是唯物主义的。(用现代的表达方式来说,形而上者是精神,是道,形而下者是物质,是器。)又如这一段末尾的"默而成之,不言而信,存乎德行",表达重信重德行的思想,意思虽然不算全新,话句毕竟不是前人成说的重复。

# 系辞下

## 导读

这一篇的一个重要内容是:讲《周易》一书对社会、自然界已为人们认识的某些规律的反映。《系辞下》关于《周易》之成书提供的意见,关于《易》学某些重要范畴以及某些卦、爻的解释,治《易》者也不应忽视。

## 原文

八卦成列,象在其中矣。因而重之,爻在其中矣。刚柔相推,变在其中矣。系辞焉而命之,动在其中矣。吉凶悔吝者,生乎动者也。刚柔者,立本者也。变通者,趣时者也。吉凶者,贞胜者也。天地之道,贞观者也。日月之道,贞明者也。天下之动,贞夫一者也。夫《乾》,确然示人易矣。夫《坤》,隤然示人简矣。[1]爻也者,效此者也。象也者,像此者也。爻象动乎内,吉凶见乎外,功业见乎变,圣人之情见乎辞。天地之大德曰生,圣人之大宝曰位,何以守位曰仁,何以聚人曰财,理财、正辞、禁民为非曰义。[2]

## 注释

❶《音义》:“确然,马、韩云:‘刚貌。’《说文》云:‘高至。’”按:“确”解释为“刚貌”,与下文“隤然”解释为“柔貌”相对。“确然”解释为“高至”,与下文说的《说文》将“隤”解释为“下队”(队,音义同“坠”)相对。隤(tuí),在一般情况下音义同“颓”,但是《周易·系辞下》这个“隤”与“颓”的意思不同。《说文》段注早已指出“隤与颓音同而义异”。朱骏声《说文通训定声》认为隤与颓非不可通,然而在我们看来,《系辞》这个“隤”没有“颓”的意思。《音义》:“马、韩云:‘柔貌也。’孟作退。陆、董、姚作妥。”其实还有别的说法,譬如李氏《集解》引虞注:“隤,安。”《尔雅·释诂》:“妥”“安”都训为“止”,可见“隤”训“妥”与训“安”相通。《说文》:“隤,下队也。”这个说法如同“确然”之训为“高至”,都与《系辞》原意不合,故不取。

❷ 朱熹说:“正辞,言是底说是,不是底说不是,犹所谓正名。”他把“禁民为非”简言之为“禁非”,认为“大概是辨别是非”。他的解释可供参考。今按:《系辞下》第一段到这里止,内容很重要。譬如第一至第八句(“八卦”至“动在其中矣”),讲八卦怎么成了六十四卦,讲到其中象爻,讲到刚柔之变,等等。接下来,讲吉凶悔吝之生,讲卦爻之本,讲《乾》《坤》,都引人注意。

## 原文

古者包牺氏之王天下也,仰则观象于天,俯则观法于地,观鸟兽之文与地之宜,近取诸身,远取诸物,于是始作八卦,以通神明之德,以类万物之情。(作)❶结绳而为罔罟,以佃以渔,盖取诸《离》。包牺氏没,神农氏作,斫木为耜,揉木为耒,耒耨之利以教天下,盖取诸《益》。日中为市,致天下之民,聚天下之货,交易而退,各得其所,盖取诸《噬嗑》。神农氏没,黄帝尧舜氏作,通其变,使民不倦;

神而化之，使民宜之；易穷则变，变则通，通则久；是以自天祐之，吉无不利，黄帝尧舜垂衣裳而天下治：盖取诸《乾》《坤》。刳木为舟，剡木为楫[2]，舟楫之利以济不通，致远以利天下，盖取诸《涣》。服牛乘马，引重致远以利天下，盖取诸《随》。重门击柝以待暴客，盖取诸《豫》。断木为杵，掘地为臼；臼杵之利，万民以济：盖取诸《小过》。弦木为弧，剡木为矢；弧矢之利，以威天下：盖取诸《睽》。上古穴居而野处，后世圣人易之以宫室，上栋下宇，以待风雨，盖取诸《大壮》。古之葬者，厚衣之以薪，葬之中野，不封不树，丧期无数；后世圣人易之以棺椁，盖取诸《大过》。上古结绳而治，后世圣人易之以书契，百官以治，万民以察，盖取诸《夬》。是故《易》者象也，象也者像也；《彖》者材也；《爻》也者，效天下之动者也。是故吉凶生而悔吝著也。[3]

阳卦多阴，阴卦多阳，其故何也？阳卦奇，阴卦耦，其德行何也？阳一君而二民，君子之道也。阴二君而一民，小人之道也。[4]

## 注释

❶ 这个“作”字是衍文，说见《经义述闻》卷二。

❷ 刳（kū），把一个整块或整体中间挖空。剡，这里读 yǎn，不读“浙江剡溪”的剡（shàn）。这个“剡木为楫”的剡，是“削”“刮”的意思。把木料劈削成划船用的桨，叫剡木为楫（jí）。

❸ 这一段说的《周易》某卦为某种社会现象所取资，实为本末倒置。总是先有自然界的、社会的种种现象，反映在人们头脑里，才产生相应的印象与判断。《周易》六十四卦，其来源都是社会生活，无一例外，怎么能够说社会上某一类事取之于某卦呢？至于《周易》成书之后给读者或者听众某些启发，那只能证明精神产物对于社会生活的反作用。然而我们也用不着完全否定《系辞下》这一段文章。姑且撇开“盖取诸某卦”的话不论，这一类句子前面的那些话都是某一类社会现象的概括，都可以帮助后世的人们认

识并研究上古社会。譬如“斫木为耜，揉木为耒”，反映了我国早期的农耕方式；“厚衣之以薪，葬之中野，不封不树，丧期无数”，正是上古先民处理死者遗体的方式的概况，“易之以棺椁”实在是丧葬习惯的进步了；上古“结绳而治”，书契之作理应视为后世社会的重大进步，这也是确凿无可疑的事实。其实，“盖取诸某卦”一类话，启发读者把某卦的内涵与某一类社会或自然现象联系起来思索，这对于《周易》研究也是有一定意义的，所以，后世人们没有必要废除或轻视那些具有违反辩证唯物主义认识论的倾向的古代文献。

❹ 韩康伯注：“阳卦二阴，故奇为之君。阴卦二阳，故耦为之主……故阳爻画奇以明君道，必一；阴爻画两以明臣体，必二：斯则阴阳之数，君臣之辨也。以一为君，君之德也。二居君位，非其道也。故阳卦曰君子之道，阴卦曰小人之道也。”孔疏对韩氏注作了发挥。注疏已足以帮助我们理解这一段话。

## 原文

《易》曰：“憧憧往来，朋从尔思。”子曰：天下何思何虑？天下同归而殊涂，一致而百虑，天下何思何虑！日往则月来，月往则日来，日月相推而明生焉。寒往则暑来，暑往则寒来，寒暑相推而岁成焉。往者屈也，来者信也，屈信相感而利生焉。尺蠖之屈，以求信也。龙蛇之蛰，以存身也。[1]精义入神，以致用也。利用安身，以崇德也。过此以往，未之或知也。穷神知化，德之盛也。

《易》曰：“困于石，据于蒺藜。入于其宫，不见其妻。凶。”子曰：非所困而困焉，名必辱。非所据而据焉，身必危。既辱且危，死期将至，妻其可得见耶？

《易》曰：“公用射隼于高墉之上，获之，无不利。”子曰：隼者，禽也。弓矢者，器也。射之者，人也。君子藏器于身，待时而动，何不利之有？动而不括[2]，是以出而有获，语成器而动者也。

## 注释

❶ 尺蠖(huò),《音义》:"虫名也。"这种害虫颜色像树皮,前进时身体一屈一伸,蜷曲是为了伸展。"求信"的信,与"伸"相通。蛰(zhé),指动物冬眠,藏在隐蔽的地方不食不动。龙蛇冬眠蛰伏,当然是为了保存自己顺利过冬。《周易》作者懂得屈与伸的辩证法。

❷ 韩康伯注:"括,结也。君子待时而动,则无结阂之患也。"《音义》:"括,结也。"应该也是把"括"解说为"结阂"的意思。孔疏认为"不括"是"不括结而有碍"的意思,又说:"犹若君子藏善道于身,待可动之时而兴动,亦不滞碍而括结也。"这样讲,与韩注、《音义》是一致的。

## 原文

子曰:小人不耻不仁,不畏不义,不见利不劝,不威不惩。小惩而大诫,此小人之福也。《易》曰:"(履)〔屦〕校灭趾,无咎。"此之谓也。善不积不足以成名,恶不积不足以灭身。小人以小善为无益而弗为也,以小恶为无伤而弗去也。[1]故恶积而不可掩,罪大而不可解。《易》曰:"何校灭耳,凶。"

子曰:危者,安其位者也。亡者,保其存者也。乱者,有其治者也。是故君子安而不忘危,存而不忘亡,治而不忘乱,是以身安而国家可保也。《易》曰:"其亡其亡,系于苞桑。"

子曰:德薄而位尊,知小而谋大,力(小)〔少〕[2]而任重,鲜不及矣!《易》曰:"鼎折足,覆公悚,其形渥。凶。"言不胜其任也。

子曰:知幾其神乎!君子上交不谄,下交不渎,其知幾乎?幾者动之微,吉之先见者也。君子见幾而作,不俟终日。《易》曰:"介于石,不终日。贞吉。"介如石焉,宁用终日,断可识矣。君子知微知彰,知柔知刚,万夫之望。

## 注释

❶ 愿意为社会为他人做好事,就不要因为事情小而不做。愿意改正不良习惯,就不要认为小毛病对社会对他人没有大的伤害而不肯去掉。刘备临终教导儿子"勿以恶小而为之,勿以善小而不为",他说的这两句话正是脱胎于《周易·系辞》这里的说法。

❷ 据王伯申《经义述闻》卷二"为小"条以及阮元等《校勘记》改。

## 原文

子曰:颜氏之子,其殆庶几乎!有不善未尝不知,知之未尝复行也。《易》曰:"不远复,无祇悔。元吉。"

天地絪缊,万物化醇。男女构精,万物化生。《易》曰:"三人行则损一人,一人行则得其友。"言致一也。[1]

子曰:君子安其身而后动,易其心而后语,定其交而后求。君子修此三者,故全也。危以动,则民不与也。惧以语,则民不应也。无交而求,则民不与也。莫之与,则伤之者至矣。《易》曰:"莫益之,或击之。立心勿恒,凶。"[2]

## 注释

❶ 这一段前四句("天地"至"化生")与接在后面的引文毫无内部联系。这四句如果独立成段,则与上下文并无联系。疑为错简。

❷ 这一段以上凡九段(上数至"《易》曰'憧憧往来,朋从尔思'"领头的一段止,而"天地絪缊"领头的一段不算),每一段都有相似的结构,各自由三个部分构成:一、《易》本身;二、孔子论《易》;三、《系辞》作者的有关议论。其中所谓孔子论《易》,是否真是孔仲尼先生的言论,并无铁证,可以视之为传闻或假托。《系辞上》也有结构相似的文字。

### 原文

子曰:《乾》《坤》,其《易》之门邪！乾,阳物也。坤,阴物也。阴阳合德而刚柔有体,以体天地之撰,以通神明之德。其称名也杂而不越,於稽其类,其衰世之意邪？夫《易》,彰往而察来,而微显阐幽,开而当名。辨物正言,断辞则备矣。其称名也小,其取类也大。其旨远,其辞文,其言曲而中,其事肆而隐,因贰以济民行,以明失得之报。[3]

### 注释

❸ 李氏《集解》引侯果注:"於,嗟也。稽,考也。《易·象》考其事类,但以吉凶得失为主,则非淳古之时也,故云'衰世之意'耳。言'邪'示疑,不欲切指也。"韩注:"《易》无往不彰,无来不察,而微以之显,幽以之阐。阐,明也。"又说:"开释爻卦,使各当其名也。"辨物之辨,《音义》作辩,解释为"别也"。《集解》引干宝注:"辩物,辩物类也。正言,言正义也。断辞,断吉凶也。如此则备于经矣。"这些注解都是可取的。"其称名也小"以下,又是对《周易》的赞美。后来《史记·屈贾列传》盛赞屈平之作《离骚》,仿此笔法。

### 原文

《易》之兴也,其于中古乎？作《易》者,其有忧患乎？是故《履》,德之基也;《谦》,德之柄也;《复》,德之本也;《恒》,德之固也;《损》,德之修也;《益》,德之裕也;《困》,德之辨也;《井》,德之地也;《巽》,德之制也。《履》,和而至。《谦》,尊而光。《复》,小而辨于物。《恒》,杂而不厌。《损》,先难而后易。《益》,长裕而不设。《困》,穷而通。《井》,居其所而迁。《巽》,称而隐。《履》以和行。《谦》以制礼。《复》以自知。《恒》以一德。《损》以远害。《益》以兴利。《困》以寡怨。《井》以辩义。《巽》以行权。[1]

## 注释

❶ “巽，德之制也”以上，孔疏说是“明九卦各与德为用”。“巽称而隐”以上，孔疏说是“辨九卦性德也”。孔疏又说：“自此以下，论九卦各有施用而有利益也。”这样讲，符合原文的意思。我们可以借助注疏，弄清楚《周易》尚德重礼的主导倾向。又，这一段开头两句言及《易经》的创作时代与其时作者的心态，盖记传闻之辞。

## 原文

《易》之为书也不可远，为道也屡迁，变动不居，周流六虚；上下无常，刚柔相易，不可为典要，唯变所适。其出入以度外内，使知惧；又明于忧患与故，无有师保，如临父母。初率其辞而揆其方，既有典常；苟非其人，道不虚行。❶

## 注释

❶ 一方面，《周易》“不可为典要，唯变所适”。另一方面，此书“既有典常”。韩注：“能循其辞以度其义，原其初以要其终，则‘唯变所适’是其常典也，明其变者存其要也。”这就等于说：《周易》惟变是常。这样讲，实际上已经抓住了《周易》的“典要”（“常典”），对于理解“易”的要义是有帮助的。“苟非其人，道不虚行”，意思是：若无合适之人，易道就得不到流传弘扬，因为道不可能凭空而通行。

## 原文

《易》之为书也，原始要终以为质也。六爻相杂，唯其时物也。其初难知，其上易知，本末也；初辞拟之，卒成之终。若夫杂物撰德，辩是与非，则非其中爻不备。噫！亦要存亡吉凶，则居可知矣。

知者观其《彖辞》，则思过半矣。二与四，同功而异位，其善不同。二多誉；四多惧，近也。柔之为道不利远者，其要无咎，其用柔中也。三与五，同功而异位。三多凶，五多功，贵贱之等也；其柔危，其刚胜邪？[2]

## 注释

❷ 这一段与上下两段，都以"《易》之为书也"开头，讲的都是关于《周易》的规律性的道理。譬如这一段"三与五，同功而异位"句以及其下各句，李氏《集解》引崔注："三，诸侯之位。五，天子之位。同有理人之功，而君臣之位异者也。"侯注："三五阳位，阴柔处之则多凶危，刚正居之则胜其任。言'邪'者，不定之辞也。或有柔居而吉者，居其时也；刚居而凶者，失其应也。"如何认识诸卦自下而上的第三爻与第五爻，这些注解将爻位说（包括"得中说"与"相应说"）所理解的一般规律作了比较简明的概括，可供参考。

## 原文

《易》之为书也，广大悉备，有天道焉，有人道焉，有地道焉。兼三才而两之，故六。六者非它也，三才之道也。道有变动，故曰爻。爻有等，故曰物。物相杂，故曰文。文不当，故吉凶生焉。

《易》之兴也，其当殷之末世、周之盛德邪？当文王与纣之事邪？是故其辞危，危者使平，易者使倾。其道甚大，百物不废。惧以终始，其要无咎。此之谓《易》之道也。[3]

## 注释

❸ 这一段开头两问，也是表示对《周易》创作时代及其内容的猜测。接下来的说法，显然也与《系辞》作者探讨的《周易》内容有关。"易之道"究竟是什么？《系辞》作者分明已经提出了他的判断。见仁见智，作一家之言看，如何？我们认为他说的有些道理。又，

这一段是否应该移置于前文同样以“易之兴也”开头的一段后面，我们没有版本根据。姑仍之。

## 原文

夫乾，天下之至健也，德行恒易以知险；夫坤，天下之至顺也，德行恒简以知阻：能说诸心，能研诸（侯之）[1]虑，定天下之吉凶，成天下之亹亹者。是故变化云为：吉事有祥，象事知器，占事知来。[2]天地设位，圣人成能；人谋鬼谋，百姓与能。八卦以象告，《爻》《彖》以情言，刚柔杂居而吉凶可见矣。变动以利言，吉凶以情迁，是故爱恶相攻而吉凶生，远近相取而悔吝生，情伪相感而利害生。凡《易》之情：近而不相得，则凶，或害之，悔且吝。将叛者其辞惭，中心疑者其辞枝，吉人之辞寡，躁人之辞多，诬善之人其辞游，失其守者其辞屈。[3]

## 注释

1. 朱熹《周易本义》云：“‘侯之’二字衍。”据文例，我们认为他说的对。前人（如韩注孔疏）不探文例，失察了。
2. “变化云为”，“云”是“有”的意思。王伯申《经传释词》卷三，刘武仲《助字辨略》卷一，杨遇夫先生《词诠》卷九，裴学海先生《古书虚字集释》卷三，都说到“云”有时可以作“有”讲。（“变化云为”第三字用“有”也是可以的。）接下的三句是“吉事有祥，象事知器，占事知来”，保持相同的句式。上文说《周易》“为道也屡迁，变动不居”，那么，可以说“变化云为”句正与上文相应。李氏《集解》引虞注：“祥，几祥也，吉之先见者也。”侯注：“观象则用器可为，求吉则未形可睹者也。”韩康伯注：“夫变化云为者，行其吉事则获嘉祥之应，观其象事则知制器之方，玩其占事则睹方来之验也。”按：韩康伯对这四句的解释比较妥当好懂，今从之。

❸ 宋祚胤先生《周易注译》说:"'将叛者其辞惭'以下六句与上文在意义上不相关联,应是衍文。"这个说法是有根据的,因为这六句与上文实在无法贯通。但是这六句话的意义不应忽视。各种性格,各种心态,各种处境的人,言辞各有特征。《孟子·公孙丑上》所谓"知言"("诐辞知其所蔽"及其下凡四句),说的是四种言辞的弊病,其实也道出了四种言论的特征。《系辞》这六句与《孟子》那四句相比,各有各的贡献,然而同样精当,可以互补而并不相形见绌。

# 说卦

## 导读

《说卦》也是《周易》十翼之一。《史记·孔子世家》言及孔仲尼所序有《说卦》。《周易》孔疏:"《说卦》者,陈说八卦之德业变化及法象所为也。"《系辞》中已略论八卦之成及其引申,然而犹有未明之意,"故孔子于此更备说重卦之由及八卦所为之象,故谓之'《说卦》'焉"。顾名思义,《说卦》的重点总该与卦有关。本篇作者是不是仲尼先生,我们认为也没有坚实的根据,而其人属于孔门学派,应无疑问。

## 原文

昔者圣人之作《易》也,幽赞于神明而生蓍,参天两地而倚数,观变于阴阳而立卦,发挥于刚柔而生爻,和顺于道德而理于义,穷理尽性以至于命。昔者圣人之作《易》也,将以顺性命之理,是以立天之道曰阴与阳,立地之道曰柔与刚,立人之道曰仁与义,兼三才而两之,故《易》六画而成卦;分阴分阳,迭用柔刚,故《易》六位而成章。天地定位,山泽通气,(雷风相薄,)水火(不)相射,〔雷风相搏,〕[1] 八卦相错。数往者顺,知来者逆,是故《易》逆数也。[2]

## 注释

[1] 据马王堆出土帛书《周易》删改。“水火相射”的射，《音义》：“厌也。”这个“厌”与“压”字相通，相厌就是互相覆压的意思。

[2] 《周易》六十四卦，每卦六爻，读爻之法正是从下往上，这就是所谓“逆数”了。船山先生说：“《易》以占未来之得失吉凶，故其画自初而二，以至于上……先儒皆谓已往而易见为顺，未来而前知为逆，盖此义也。”这样讲，应是原意。

## 原文

雷以动之，风以散之，雨以润之，日以烜[1]之。艮以止之，兑以说之，乾以君之，坤以藏之。

帝出乎震，齐乎巽，相见乎离，致役乎坤，说言乎兑，战乎乾，劳乎坎，成言乎艮。万物出乎震，震，东方也。“齐乎巽”，巽，东南也；齐也者，言万物之絜齐也。离也者，明也，万物皆相见，南方之卦也；圣人南面而听天下，向明而治，盖取诸此也。坤也者，地也，万物皆致养焉，故曰“致役乎坤”。兑，正秋也，万物之所说也，故曰“说言乎兑”。“战乎乾”，乾，西北之卦也；言阴阳相薄也。坎者，水也，正北方之卦也，劳卦也，万物之所归也，故曰“劳乎坎”。艮，东北之卦也，万物之所成终而所成始也，故曰“成言乎艮”。

神也者，妙万物而为言者也。动万物者莫疾乎雷，桡万物者莫疾乎风，燥万物者莫熯[2]乎火，说万物者莫说乎泽，润万物者莫润乎水，终万物、始万物者莫盛乎艮，故水火相逮，雷风不相悖[3]，山泽通气，然后能变化，既成万物也。

## 注释

[1] 烜（xuǎn），《音义》作“晅”，本又作“暅”，引京氏注：“干也。”就是

阳光晒干的意思。

❷ 熯(hàn),一作暵,《音义》引王肃注:"火气也。"《说文》:"熯,干貌。"按:这个熯(暵)与上文的"烜"有相通之处。

❸ "水火相逮",《音义》作"水火不相逮",衍一"不"字。"雷风不相悖",与上文"雷风相薄"不合,可是与上下文的意思相应(不相应怎么能"成万物"呢),可知这个"不"字不是衍文。

## 原文

乾,健也。坤,顺也。震,动也。巽,入也。坎,陷也。离,丽也。艮,止也。兑,说也。

乾为马。坤为牛。震为龙。巽为鸡。坎为豕。离为雉。艮为狗。兑为羊。

乾为首。坤为腹。震为足。巽为股。坎为耳。离为目。艮为手。兑为口。

乾,天也,故称乎父。坤,地也,故称乎母。震一索而得男,故谓之长男。巽一索而得女,故谓之长女。坎再索而得男,故谓之中男。离再索而得女,故谓之中女。艮三索而得男,故谓之少男。兑三索而得女,故谓之少女。❶

## 注释

❶ 索,《音义》:"马云:数也。王肃云:求也。"求之于第一爻,叫一索。第一爻为阳爻,则求得男;若是阴爻,那就会求得女。一索而得者为长。二索、三索可类推。

## 原文

乾为天,为圜,为君,为父,为玉,为金,为寒,为冰,为大赤,为良马,为老马,为瘠马,为驳马,为木果。

坤为地，为母，为布，为釜，为吝啬，为均，为子母牛，为大舆，为文，为众，为柄，其于地也为黑。

震为雷，为龙，为玄黄，为旉，为大涂，为长子，为决躁，为苍筤竹，为萑苇；其于马也为善鸣，为馵足，为作足，为的颡；其于稼也为反生；其究为健，为蕃鲜。[2]

## 注释

[2] 旉（fū），《音义》引干宝注："花之通名。"李氏《集解》本作专，《音义》："虞同姚，云：专一也。"《集解》又说："崔憬曰：万物所出在春，故为大涂。""苍筤"的筤，读 láng。萑（huán）苇，芦荻之类。馵（zhù），后左足白之马。"的颡"，这里读作 dì shǎng，《音义》："的颡曰颠。"孔颖达等疏："'为决躁'，取其刚动也。'为苍筤竹'，竹初生之时色苍筤，取其春生之美也。'为萑苇'，萑苇，竹之类也。其于马也：'为善鸣'，取其象雷声之远闻也。'为馵足'，马后左足白为馵，取其动而见也。'为作足'，取其动而行健也。'为的颡'，白额为的颡，亦取动而见也。其于稼也：'为反生'，取其始生戴甲而出也。'其究为健'，究，极也；极于震动则为健也。'为蕃鲜'，鲜，明也，取其春时草木蕃育而鲜明。"

## 原文

巽为木，为风，为长女，为绳直，为工，为白，为长，为高，为进退，为不果，为臭；其于人也为（寡）〔宣〕发[3]，为广颡，为多白眼，为近利，市三倍；其究为躁卦。

坎为水，为沟渎，为隐伏，为矫輮，为弓轮；其于人也为加忧，为心病，为耳痛；为血卦，为赤；其于马也为美脊，为亟心，为下首，为薄蹄，为曳；其于舆也为多眚；为通[4]，为月，为盗；其于木也为坚，多心。

## 注释

❸ “寡发”,《释文》:“如字。本又作‘宣’。黑白杂为宣发。”《集解》引虞翻注:“为白,故宣发。马君以‘宣’为‘寡’,非也。”但是孔疏仍然为“寡发”作了解释,说:“寡,少也。风落树之华叶,则在树者稀疏,如人之少发亦类于此,故为寡发也。”按:王氏父子认为当以虞说为是。

❹《集解》引虞注:“眚,败也。坤为大车,坎折坤体,故为车多眚也。”《集解》又说:“水流渎,故通也。”孔疏:“其于舆也为多眚,取其表里有阴,力弱不能重载,常忧灾眚也。为通,取其行有孔穴也。”按:上引《集解》与孔疏可互参。

## 原文

离为火,为日,为电,为中女,为甲胄,为戈兵;其于人也为大腹;为乾卦,为鳖,为蟹,为蠃,为蚌,为龟;其于木也为科,上槁。❺

艮为山,为径路,为小石,为门阙,为果蓏,为阍寺,为指,为狗,为鼠,为黔喙之属❻;其于木也为坚,多节。

兑为泽,为少女,为巫,为口舌,为毁折,为附决;其于地也为刚卤;为妾,为羊。❼

## 注释

❺ 科,《音义》:“空也。虞作折。”李氏《集解》引宋衷注:“阴在内则空中,木中空则上科槁也。”孔颖达等疏:“科,空也。阴在内为空。木既空中者,上必枯槁也。”宋注与孔疏的意思基本相同。

❻《集解》引马融注:“黔喙,肉食之兽,谓豺狼之属。黔,黑也,阳玄在前也。”孔疏:“‘为黔喙之属’,取其山居之兽也。”按:孔疏范围较广,而马注较为详明。

❼《说卦》罗列的《周易》八卦的象征意义太多,其中有没有牵强附会的成分,这样的成分究竟占多少,应该逐一检验。如果这样的

成分太多了，那就只好说“易无达占”了。这一类怀疑，我们在《说卦》之前所作的注解已经说过。但是我们不能因为《说卦》说的象征意义实在多而简单地粗暴地否认其全部。起码应该说八个卦都有其基本的象征意义，这些基本意义可信无疑。

# 序卦

## 导读

孔颖达等疏认为《序卦》解说的是六十四卦“先后之次”何以如此的道理。“各序其相次之义，故谓之序卦焉。”孔疏引韩康伯的话说：“《序卦》之所明，非《易》之缊也。盖因卦之次，托象以明义……”孔疏对韩氏这个话的评价是：“盖不虚矣。”今按：“《易》之缊”（所谓“深缊之义”）见于《系辞》《说卦》与《杂卦》。《序卦》主旨是把诸卦之间的联系揭示出来。当然其中不可能根本不触及所谓《易》“深缊之义”。我们认为《序卦》对《周易》诸卦内部联系及其“深缊之义”的探索，虽不必尽然，但是其中确有讲得好的见解，可供参考。

## 原文

有天地，然后万物生焉。[1]盈天地之间者唯万物，故受之以《屯》；屯者盈也，屯者物之始生也。物生必蒙，故受之以《蒙》；蒙者蒙也，物之稚也。物稚不可不养也，故受之以《需》；需者饮食之道也。饮食必有讼，故受之以《讼》。讼必有众起，故受之以《师》；师者众也。众必有所比，故受之以《比》；比者比也。比必有所畜，故受之以《小畜》。物畜然后有礼，故受之以《履》。履而泰然后安，故受之以《泰》；泰者通也。物不可以终通，故受之以《否》。物不可以终否，故受之以《同人》。与人同者物必归焉，故受之以《大有》。有大者不可以盈，故受之以《谦》。有大而能谦必豫，故受之以《豫》。

豫必有随,故受之以《随》。以喜随人者必有事,故受之以《蛊》;蛊者事也。有事而后可大,故受之以《临》;临者大也。物大然后可观,故受之以《观》。可观而后有所合,故受之以《噬嗑》;嗑者合也。物不可以苟合而已,故受之以《贲》;贲者饰也。致饰然后亨则尽矣,故受之以《剥》;剥者剥也。物不可以终尽,剥穷上反下,故受之以《复》。复则不妄矣,故受之以《无妄》。有无妄然后可畜,故受之以《大畜》。物畜然后可养,故受之以《颐》;颐者养也。不养则不可动,故受之以《大过》。物不可以终过,故受之以《坎》;坎者陷也。陷必有所丽,故受之以《离》;离者丽也。❷

## 注释

❶ 这开头一句说的是乾坤两卦。乾为天,坤为地。天地是万物生长活动的首要与必要条件。没有天地,别的什么都谈不上。天地共存,缺一不可。若干万年以来,到目前以及将来若干万年以内,人类只有一个地球与地球的上空为自身生存的天地。大概正因为此,《序卦》开头并没有标明《乾》《坤》两卦。

❷ 韩注:“先儒以《乾》至《离》为上经,天道也;《咸》至《未济》为下经,人事也。夫《易》六画成卦,三才必备,错综天人以效变化,岂有天道人事偏于上下哉！斯盖守文而不求义,失之远矣。”今按:韩氏这里对先儒的说法所作的批评,符合《周易》原文的实际情况,很有道理。但是,如果所谓上下经之分仅仅为了解说方便,那也未尝不可。综观《序卦》对卦名的解释,无非运用常见的训诂方法(包括声训,如“嗑者合也”;同字为训,如“蒙者蒙也”“比者比也”),有些说对了,有些未必对(其中并非都反映了必然关系而有牵强之嫌)。但是所说都可以作为后世深入研究的资料,可以理解而并无新奇。无论上文对反映天道诸卦序次的解说,还是下文对反映人事诸卦序次的论述,都可以这样看。

## 原文

有天地然后有万物，有万物然后有男女，有男女然后有夫妇，有夫妇然后有父子，有父子然后有君臣，有君臣然后有上下，有上下然后礼义有所错。[1]夫妇之道不可以不久也[2]，故受之以《恒》；恒者久也。物不可以久居其所，故受之以《遁》；遁者退也。物不可以终遁，故受之以《大壮》。物不可以终壮，故受之以《晋》；晋者进也。进必有所伤，故受之以《明夷》；夷者伤也。伤于外者必反于家，故受之以《家人》。家道穷必乖，故受之以《睽》；睽者乖也。乖必有难，故受之以《蹇》；蹇者难也。物不可以终难，故受之以《解》；解者缓也。缓必有所失，故受之以《损》。损而不已必益，故受之以《益》。益而不已必决，故受之以《夬》；夬者决也。决必有遇，故受之以《姤》；姤者遇也。物相遇而后聚，故受之以《萃》；萃者聚也。聚而上者谓之升，故受之以《升》。升而不已必困，故受之以《困》。困乎上者必反下，故受之以《井》。井道不可不革，故受之以《革》。革物者莫若鼎，故受之以《鼎》。主器者莫若长子，故受之以《震》；震者动也。物不可以终动，止之，故受之以《艮》；艮者止也。物不可以终止，故受之以《渐》；渐者进也。进必有所归，故受之以《归妹》。得其所归者必大，故受之以《丰》；丰者大也。穷大者必失其居，故受之以《旅》。旅而无所容，故受之以《巽》；巽者入也。入而后说之，故受之以《兑》；兑者说也。说而后散之，故受之以《涣》；涣者离也。物不可以终离，故受之以《节》。节而信之，故受之以《中孚》。有其信者必行之，故受之以《小过》。有过物者必济，故受之以《既济》。物不可穷也，故受之以《未济》终焉。[3]

## 注释

[1] “有天地然后有万物”以下凡七句，把《乾》《坤》两卦的大义深入到人类社会。其文用顶针法，层层深入，企图给社会起源与维护、

发展的问题找到明确的答案,而后归结到礼义的起源与作用。虞注:“错,置也。”干注:“错,施也。”礼义何所施?置于何等地位?李氏《集解》引虞翻、干宝的注解,说明《周易》与社会的关系,很值得注意。干宝已指出下经之首《咸》《恒》两卦说的是“人道”(“夫妇配合之道”),也很值得注意。

❷ 下经之首并未点明“《咸卦》”。“夫妇之道不可以不久也”这一句说的正是《咸卦》,因为《咸卦》就是讲“夫妇之道”的。《序卦》作者认定了《咸卦》与夫妇之道的关系,就像他认定《乾》《坤》两卦与天地的关系一样,没有疑义,所以用不着点出卦名。按,韩注在《序卦》前文“有天地然后有万物”至“有上下然后礼义有所错”七句之下说:“言《咸卦》之义也。”这样说,不十分准确。我们认为上面七句之中言及“男女”“夫妇”,言及《咸卦》之义;惟真正“言《咸卦》之义”者,还应该算是“夫妇之道不可以不久也”这一句。

❸ 《序卦》论说前后卦的因缘,喜欢用“必”字,认为其间有一种必然的关系。依据变化的必然性观察问题并作出判断,可以算是朴素的唯物辩证法。其中有些说法无疑是对的,譬如《序卦》的最后一句:“物不可穷也,故受之以《未济》终焉。”这分明是唯物辩证法的观点。由此可以综合研究六十四卦的次序安排,始于“乾”“坤”,终于“未济”,始于天地,终于道物不可穷之意,肯定是出于智者之结撰。若是根本没有唯物辩证法的眼光,甚至连朴素的唯物辩证法观念也没有,怎么会有如此精妙的安排呢?“未济”之前是“既济”,表明天下万物是有发展或成长阶段的,是可以认识的。“既济”之后是“未济”,明白地表示对天下万物的认识不可穷尽,因为万物层出不穷,总在继续发展或成长、变化。《论语·宪问》:“有荷蒉而过孔氏之门者,曰:有心哉!击磬乎!”仿照这荷蒉者言,应该可以说:有心哉!作《易》乎!

# 杂卦

## 导读

孔疏引虞氏说："《杂卦》者，杂六十四卦以为义，其于《序卦》之外别言也。"换言之，题为"杂卦"，是因为所说各卦没有一定的次序，显得杂乱。前贤多已指出这一点。本篇关于卦义的说法是否完全可信，有无附会之辞，结论应在逐一检验之后。《史记·孔子世家》没有提到这一篇，则其与孔子更无牵连、必更后出可知。

## 原文

《乾》刚，《坤》柔。《比》乐，《师》忧。《临》《观》之义，或与或求。《屯》见而不失其居，《蒙》杂而著。

《震》，起也。《艮》，止也。《损》《益》，盛衰之始也。《大畜》，时也。《无妄》，灾也。《萃》聚而《升》不来也，《谦》轻而《豫》怠也。《噬嗑》，食也。《贲》，无色也。《兑》见而《巽》伏也，《随》无故也，《蛊》则饬也。〔《恒》，久也。《节》，止也。〕

《剥》，烂也。《复》，反也。〔《涣》，离也；《解》，缓也。《蹇》，难也。〕

《晋》昼也，《明夷》诛也，《井》通而《困》相遇也。《咸》，速也。（《恒》，久也。《涣》，离也。《节》，止也。《解》，缓也。《蹇》，难也。）[1]

《睽》，外也。《家人》，内也。《否》《泰》，反其类也。《大壮》则止，《遁》则退也。

《大有》众也，《同人》亲也。《革》，去故也；《鼎》，取新也。《小过》过也，《中孚》信也。

《丰》，多故也[2]；亲寡，《旅》也。《离》上而《坎》下也。《小畜》

寡也,《履》不处也。《需》不进也,《讼》不亲也,《大过》颠也。

《姤》遇也,柔遇刚也。《渐》,女归待男行也。《颐》养正也,《既济》定也。《归妹》女之终也,《未济》男之穷也。《夬》决也,刚决柔也;君子道长,小人道忧也。[3]

## 注释

❶ 本篇文句位置的移易,都是为了协韵。当然不能为协韵而胡乱定位,第一是根据原文的次序,第二是根据上古音韵。全篇段落的划分,也以这两点为根据,照顾原文次序与协韵。经过整理,于韵不谐的情况已不复存在。

❷《杂卦》这样讲,比《序卦》与《丰卦》所附《彖传》准确。读《丰卦》爻辞,可知其"多故",可知《杂卦》这样讲倒是与《丰卦》原意相符,比笼统地说"丰,大也"好得多。请参看《丰卦》解题。

❸"小人道忧",李氏《集解》本作"小人道消"。由《集解》所引虞义,知虞本也作"小人道消"。今按:作"忧"可,"忧"与上句后一字"柔"刚好协韵。李富孙《易经异文释》卷六:"案古尤侯部音转入萧宵肴豪部(江氏永以萧肴豪与尤幽通),故此二部字古音并通。是'消'亦可与'柔'协。"这后面一段三次换韵,凡四韵,韵谐好读,琅琅上口。

# 参考书目

周易正义，王弼、韩康伯注，孔颖达等疏。中华书局 1980 年影印阮刻本。

京氏易传，吴陆绩注，明范钦订。四部丛刊初编本。

周易集解，李鼎祚集解。北京中国书店 1984 年版。

周易本义，朱熹撰。北京中国书店 1984 年版。

周易郑康成注，王应麟编。四库本。

新本郑氏周易，惠栋编。四库本。

周易内传，王夫之著。见岳麓书社 1988 年版《船山全书》第一册。

周易稗疏，王夫之著。见岳麓书社 1988 年版《船山全书》第一册。

易经通论，皮锡瑞著。见中华书局 1954 年版《经学通论》。

十家论易，郭沫若、顾颉刚、冯友兰等十先生撰。岳麓书社 1993 年版。

周易义证类纂，闻一多先生著。见生活·读书·新知三联书店 1982 年版《闻一多全集》第二册。

周易古经今注，高亨先生撰。开明书店 1947 年版。

周易通义，李镜池先生著。中华书局 1981 年版。

周易，宋祚胤先生注译。岳麓书社 2000 年版。

易图象与易诠释，台湾大学郑吉熊教授著。喜玛拉雅研究发展基金会发行，乐学书局经销，2002 年初版。

十三经注疏，中华书局 1980 年影印阮刻本。

朱子语类，黎靖德编。中华书局 1986 年版。

经义述闻，王引之撰。江苏古籍出版社 1985 年版。

群经平议，俞樾撰。清经解续编本。

香草校书,于鬯先生撰。中华书局 1984 年版。
古史辨,上海古籍出版社 1982 年重印。
经典释文,陆德明著。中华书局 1983 年版。
经传释词,王引之撰。岳麓书社 1984 年版。
说文解字段注,上海古籍出版社 1981 年版。
音韵学讲义,曾星笠先生著。中华书局 1996 年版。
帛书周易,见 1984 年第 3 期《文物》。
马王堆帛书易经,《续修四库全书》本。
上海博物馆藏战国楚竹书(三),上海古籍出版社 2003 年 12 月版。

# 跋一

就在我为《周易校注》这本小书做第四次加工后不久,友生江林博士为我复印的《上海博物馆藏战国楚竹书(三)》送来了。据该书版权页,知其为上海古籍出版社2003年12月第1版。不足半年就能看到它,也可以算是幸事了吧。《周易》是该书中占篇幅最多的一种(整理者称之为楚竹书《周易》,或竹书《周易》),而这正是目前我最急需看的。正如校注《诗经》应该参看战国楚竹书之一的《孔子诗论》,校注《周易》怎么能不看楚竹书《周易》呢?

竹书《周易》由濮茅左君整理。全书由五十八简的照片,三十四卦的大部分卦画卦名,此三十四卦的大部分卦辞爻辞,濮君的说明(情况介绍与研究心得),简言之,即照片、三十四卦本身与整理者的话凡三项内容,外加两个附录构成。由于竹书《周易》是目前能够看到的最早的《周易》文本,最能反映《周易》原貌,其重要意义自不待言。

用三天读完了竹书《周易》,印象最深者有三:一是与今本《周易》比较,竹书《周易》异文颇多,不用通假之法就无法读完,无法读懂;二是求之于本字说与通借说,可知所有出土文献中的《周易》(包括竹书《周易》、帛书《周易》)与传统的今本《周易》基本一致,它们原是同一种书;三是竹书《周易》对于《周易》研究大有益处。举例说:竹书《周易·恒卦》初六与上六爻辞都作"叡恒贞,凶",意思无疑相同;而今本《周易·恒卦》初六爻辞作"浚恒",上六作"振恒",这就令人不能不探索二者的不同含义。反过来说:今本《周易》对于所有出土文献中《周易》的研究也很重要。假设没有今本

《周易》,竹书《周易》那么多奇怪的字,倘求一一判认,难矣哉!

我们的《周易校注》不是集注,也不是汇校,于前修时贤诸注择善而从,于数十年来出土与两千余年来传世《周易》众文本也只能择善而从,但顾及兼取有异义而未必善者。竹书《周易》的异文,与今本《周易》的文字有通假关系者,或并无通假关系,另有含义而可与今本《周易》并存并无矛盾者,我们都没有全部罗列。譬如竹书《周易》凡“三”皆作“晶”,“其”皆作“丌”,有必要一一列出吗?又如今本《蹇卦》六二爻辞“匪躬之故”,竹书作“非今之古”,有什么稀奇呢?竹书《周易·未济卦》九二爻辞有“利涉大川”句,今本无之,两本可并存,又有什么不可容忍的呢?

我们对竹书《周易》整理者的劳绩表示感谢。濮君对出土文献中数种《周易》的深入研究,他的古文字学功底,我们很钦佩。我们的《周易校注》有不同于濮君的意见,不敢自以为是,还请濮君以及其他专家指教。

李学勤先生在《〈帛书周易研究〉序》一文里说过:“研究《周易》是很危险的。《周易》文义古奥简质,又玄妙深邃,可以这样解释,也不难那样推论。如果是借《易》的词语表说自己的思想,姑置不论。要想寻出《易》的本义,实在太难。”(见《中国文化》杂志1997年第15~16期合刊号)我们已经深深体会到李先生这里说的并非泛泛之谈。我们做《周易校注》的愿望,当然包括为寻出《易》的若干本义贡献一得之愚。为此,尽管根据楚竹书《周易》为我们这本小书做第五次加工的事情已经可以结束了,尽管我们已经体会到《周易》研究“实在太难”,但我们还愿意继续努力用功。

陈戍国2004年6月18—19日<br>写于湖南大学友谊村之三楼

# 跋二

鄙人“而立”之年实未立，一事无成。“不惑”之年疑惑正多，所以不远千里而多方拜师求学。“知天命”之年已知天命，更知尚须努力学习，方可不落后于时代太远。“耳顺”之年应岳麓书社之命校注《四书五经》，以一人之力勉为其难，终有《四书五经》校注本问世。

如今已是“不逾矩”之年，应岳麓书社老朋友之命，多方面多角度孜孜以求减少乃至于消灭《四书五经》校注本各方面的错误或瑕疵。鄙人知道这很难做到，虽不能至，心向往之。

欢迎读者大众不吝批评！亟盼治经学之同道惠予指教！

陈戍国2016年6月6日初撰，12月8日酌定于湖南大学

感谢岳麓书社将重订《四书五经》校注本之机会赐我。此次重订，断断续续，耗费鄙人大半年之久，终于迎来了退休之日。不敢说本书已经完美无缺，但可以说鄙人知错必纠矣。唯愿有下次重订之机会。

陈戍国2016年12月12日于湖南大学